Zürcher Bibelkommentare AT 21 NF

Marianne Grohmann Klagelieder

Zürcher Bibelkommentare

herausgegeben von
Thomas Krüger, Konrad Schmid, Christoph Uehlinger (AT)
Andreas Dettwiler, Moisés Mayordomo (NT)

Marianne Grohmann

Klagelieder

TVZ Theologischer Verlag Zürich

Der Theologische Verlag Zürich wird vom Bundesamt für Kultur
für die Jahre 2021–2024 unterstützt.

Bibliografische Informationen der Deutschen Nationalbibliothek
Die Deutsche Nationalbibliothek verzeichnet diese Publikation in der Deutschen Nationalbibliografie; detaillierte bibliografische Daten sind im Internet über http://dnb.dnb.de abrufbar.

ISBN 978-3-290-18461-2 (Print)
ISBN 978-3-290-18462-9 (E-Book: PDF)

www.tvz-verlag.ch

Inhaltsverzeichnis

Vorwort

Die Klagelieder sind Krisenliteratur. Sie verarbeiten ein konkretes historisches Ereignis, die Zerstörung der Stadt Jerusalem und des Tempels 587 v. Chr., in poetischer Sprache. Das Leiden der Stadtbevölkerung wird aus unterschiedlichen Perspektiven in einem vielstimmigen Diskurs beschrieben und beklagt.

In diesem Kommentar werden die Klagelieder als literarische und historische Texte gelesen. Die Erklärungen der fünf Lieder versuchen, die Mehrdeutigkeit der hebräischen Poesie nachzuzeichnen. Sie weisen auf die traditionsgeschichtlichen Zusammenhänge von altorientalischer Klageliteratur, auf die vielfältigen Bezüge innerhalb der Hebräischen Bibel und auf die Rezeptionsgeschichte, vor allem im Judentum, hin. Sie zeigen anthropologische und theologische Aspekte der einzelnen Lieder auf. In den letzten Jahren sind viele hervorragende Kommentare zu den Klageliedern erschienen. Besonders möchte ich die von Ulrich Berges, Adele Berlin, Christian Frevel, Jakob Klein, Klaus Koenen, Johan Renkema und Yair Zakovitch / Avigdor Shinan hervorheben. Der vorliegende Band versteht sich auch als Zusammenschau dieser bereits vorhandenen Kommentare.

Vorarbeiten haben mich über einen Zeitraum von mehreren Jahren begleitet. Auf Tagungen – z. B. der WGTh-Projektgruppe «Anthropologie des Alten Testaments» oder der Society of Biblical Literature – und in Lehrveranstaltungen konnte ich mit Kolleginnen, Kollegen und Studierenden über die Klagelieder diskutieren. Besonders hervorheben möchte ich einen «Joint Classroom» 2018 in Jerusalem und ein interdisziplinäres Seminar mit dem Judaisten Gerhard Langer am Beginn der COVID 19-Pandemie in Wien. Im Rahmen der strategischen Partnerschaft zwischen der Universität Wien und der Hebräischen Universität Jerusalem war Gelegenheit zum Austausch mit den Kolleg:innen Uri Gabbay, Ronnie Goldstein, Nili Wazana und Yair Zakovitch in Jerusalem. Annette Schellenberg in Wien danke ich für vielfältige kollegiale und freundschaftliche Zusammenarbeit. Bei Arnim Janssen, Elisabeth Oberleitner und Sarah Wendelin bedanke ich mich für ihre Unterstützung bei der Erstellung des Manuskripts. Den Herausgebern der Reihe «Zürcher Bibelkommentare AT», Thomas Krüger, Christoph Uehlinger und Konrad Schmid, und dem Team des TVZ, vor allem Lisa Briner und Tobias Meihofer, danke ich für ihr Feedback und ihre Geduld.

Wien, im Mai 2022 — Marianne Grohmann

Einleitung

Namen des Buches

In den Klageliedern wird die Zerstörung der Stadt Jerusalem und ihres Tempels 587 v. Chr. in poetischer Sprache beklagt und verarbeitet. Das Buch hat unterschiedliche Bezeichnungen: Im Hebräischen wird es *ʾÊkāh* («O Weh!», «Ach!» oder «Ach, wie ...») genannt, nach dem ersten Wort der Lieder 1, 2 und 4. Dieses leitet als Weheruf, als klagender Aufschrei oder Seufzer eine Totenklage ein. Einzelne Strophen von Leichenliedern werden oft mit klagenden Fragen eingeleitet, die mit *ʾêkāh/ʾêk* («wie») beginnen (2Sam 1,19.25.27). Es ist ein Signalwort, das die Verzweiflung über den Verlust eines Menschen ausdrückt und die Lesenden oder Hörenden in die Klage einstimmt. Ein anderer hebräischer Name, *Qînôt* (Leichen-/Totenklagelieder), findet sich z. B. in 2Chr 35,25, wo zunächst Jeremia, dann Sänger und Sängerinnen Klagelieder *(qînôt)* über den Tod Josias singen. In 2Sam 1,17 bezeichnet *qînāh* das Klagelied Davids über Saul und Jonathan und in Ez 32,16 das Klagelied der «Töchter der Nationen» über Ägypten. Im babylonischen Talmud (bBB 15; bBer 57) wird *qînôt* als Name für das Buch der Klagelieder verwendet. Die deutsche Bezeichnung «Klagelieder» geht auf den ursprünglich griechischen *(thrēnoi),* dann latinisierten Namen *threni* und das lateinische *lamentationes* (Klagelieder/-gesänge) zurück (vgl. z. B. auch den englischen Namen *Lamentations*). Während die hebräischen Namen die Verwurzelung in der Totenklage sichtbar machen, erweitern die lateinischen und griechischen Namen die Bedeutung von der Totenklage hin zu allgemeinen Klagen.

Aufbau und poetische Gestalt, Gattung

Das Buch der Klagelieder besteht aus fünf einzelnen, unabhängig voneinander entstandenen, anonymen Gedichten oder Liedern. Jedes Lied hat ein spezifisches Profil, gleichzeitig haben sie manche Ähnlichkeiten und sind durch Leitwörter und Schlüsselbegriffe miteinander verknüpft. So kehrt z. B. die Aufforderung an Gott (bzw. in 1,12 an die Vorübergehenden), genau hinzusehen – «Sieh, JHWH,[1] und schau doch!» – refrainartig wieder (1,11; 2,20; 5,1; leicht variiert in 1,9). Vier der Lieder (Klgl 1–4) sind als alphabetische Akrosticha gestaltet: Jede Strophe beginnt mit einem Buchstaben des Alphabets. Beim dritten, mittleren Lied ist die Form noch gesteigert, indem jeweils drei Zeilen mit demselben Buchstaben beginnen. Das fünfte Lied ist zwar kein Akrostichon, die Verszahl (22) entspricht aber der Anzahl der Buchstaben des hebräischen Alphabets. Die Akrostichie ist das auffallendste Gliederungsmerkmal der Klagelieder.[2] Die äussere sprachliche Form zeigt den Anspruch, ein geschlossenes Ganzes zu schaffen und gibt

1 Mit JHWH, dem Tetragramm, wird hier der Name des Gottes Israels wiedergegeben. Seine ursprüngliche Aussprache ist unklar. Seit dem 3./2. Jh. v. Chr. wird er in der jüdischen Tradition nicht ausgesprochen. In der Übersetzung der Zürcher Bibel, die diesem Kommentar zugrunde liegt, wird JHWH durch HERR ersetzt.

2 Renkema, Lamentations, und Berges, Klagelieder, gliedern die Lieder zusätzlich noch in Strophen. Darauf wird in diesem Kommentar verzichtet, er geht hauptsächlich Vers für Vers vor. Ein paar Zwischenüberschriften gliedern den Text nach einer Mischung aus formalen und inhaltlichen Gesichtspunkten.

einen Rahmen vor. Auch wenn die Welt rundherum in Trümmer zerbricht, gibt das Alphabet eine gewisse Ordnung im Chaos, an der man sich beim Lesen oder Rezitieren festhalten kann.[3] Kohäsion, Zusammenhang zwischen den einzelnen Versen, wird durch das Enjambement hergestellt: Der letzte Teil eines Verses leitet häufig bereits zum Sinnzusammenhang des nächsten über, z. B.: «[...] am Tag seines glühenden Zorns» (1,12). «Aus der Höhe sandte er Feuer in meine Gebeine [...]» (1,13).

Fast durchgängiges poetisches Merkmal ist der *parallelismus membrorum,* die Gestaltung der Verse in parallelen Zeilen: Die Aussagen der Versteile sind aufeinander bezogen, meistens in additiven Ergänzungen oder synonym: «Bitter weint sie in der Nacht, / und ihre Tränen sind auf ihren Wangen» (1,2). Die Vershälften sind nicht immer gleich lang, oft ist der zweite Teil kürzer.

Ein weiteres Kennzeichen des Buches ist der häufige Wechsel von unterschiedlichen Stimmen: z. B. die personifizierte Stadtfrau in Klgl 1, ein anonymer Mann in Klgl 3 oder eine Wir-Gruppe – wohl die Stadtbevölkerung – in Klgl 5. Den grössten Anteil hat ein anonymer Sprecher, der Jerusalem gegenübersteht. Auch die Sprechrichtungen wechseln: Angesprochen werden Gott, die Stadt oder die Vorübergehenden. Die Feinde und Gegner sind vor allem in den ersten beiden Liedern präsent, treten in Lied 3 und 4 zurück und fehlen im fünften Lied ganz. Das Stilmittel dieser unterschiedlichen Sprecherrollen und Sprechrichtungen macht die Klagelieder nicht nur zu einem poetischen Text, sondern verleiht ihnen auch einen dramatisch-szenischen Charakter. Die Stimmen sprechen zwar nicht miteinander, erzeugen aber eine dialogische Mehrstimmigkeit. Die Dramatik des Leidens wird auf mehrere Rollen aufgeteilt. Die Klage über den Untergang Jerusalems wird als ein umfassendes Geschehen in Szene gesetzt, das alle betrifft.

Ein weiteres poetisches Merkmal, das die Klagelieder mit Psalmen und prophetischen Texten verbindet, ist die reiche Bildersprache: Wie in den Psalmen wird die Klage durch zahlreiche Vergleiche – z. B. «ihre Fürsten sind wie Hirsche geworden» (1,6) – und Metaphern – z. B. «ein lauernder Bär ist er für mich, ein Löwe im Verborgenen» (3,10) – ausgedrückt. Charakteristisch für poetische Sprache ist auch, dass sie viele *hapax legomena* enthält, Wörter, die nur einmal in der Hebräischen Bibel vorkommen. Ihre Übersetzung und Erklärung ist also nicht immer eindeutig. Poetische Texte sind prinzipiell mehrdeutig.

Die Klagelieder nehmen Elemente anderer Gattungen (Totenklage bzw. Leichenlied, individuelles Klagelied und Volksklagelied aus dem Psalter, Motive aus prophetischen Texten) auf und entwickeln daraus eine eigene Mischung: Klgl 1; 2 und 4 haben den Charakter eines «Trostgespräches»,[4] Klgl 3 ist eine literarische Komposition mit Elementen von Klageliedern und weisheitlicher Belehrung oder «Katechese», Klgl 5 ist ein Volksklagelied. In Summe sind sie eine Mischdichtung aus Klagen, Gebeten, Meditationen und Lehrgedichten.

3 Vgl. Holt, Daughter, 171; Koenen, Klagelieder, 11*.
4 Koenen, Klagelieder, 67*.

Personifikationen

Eine spezielle Form der poetischen Sprache in den Klageliedern ist die Personifizierung: Verschiedene Perspektiven auf die Zerstörung Jerusalems und des Tempels werden in unterschiedlichen Stimmen – im wörtlichen Sinn des Wortes – «verkörpert»: Jerusalem spricht selbst als personifizierte Stadtfrau (Klgl 1), ein anonymer Mann in Klgl 3, Einzel- und Wir-Stimmen bringen im Wechsel unterschiedliche Perspektiven auf das persönliche und gleichzeitig gemeinschaftliche Leiden zum Ausdruck. Manche Passagen sind unbestimmt, neutral. Anders als in den Psalmen fehlt die Stimme Gottes. Die Zuordnung zu einzelnen Stimmen ist nicht immer eindeutig möglich. Angesprochen wird das Volk, Jerusalem oder Gott. Der einzelne Mensch ist gleichzeitig als Individuum und als Teil der Bevölkerung der Stadt im Blick.

Die Titel für Jerusalem (Fürstin, Tochter Zion, [Jungfrau] Tochter Juda, die Stadt usw.) haben zum Teil Überschneidungen mit den unterschiedlichen Bevölkerungsgruppen der Stadt, die genannt werden: z. B. Jungfrauen, Mütter, junge Männer, die Ältesten, Priester, Säuglinge, Kleinkinder usw. Die Bevölkerungsgruppen decken alle sozialen Schichten und Altersstufen ab. Durch die Personifizierung kommt die Stadt aber nicht nur als Summe ihrer Bewohnerinnen und Bewohner in den Blick, sondern auch als Rechtspersönlichkeit. Die Rollen schillern bewusst zwischen der Stadt als Ort mit ihren Toren, Gebäuden, Mauern und Strassen sowie ihren Einwohnerinnen und Einwohnern. In Aufnahme der Tradition mesopotamischer Stadtklagen versinnbildlicht die einsame, ihres Mannes und ihrer Kinder beraubte Frau, die Tochter Zion in Klgl 1 und 2, die Zerstörung der Stadt Jerusalem und die Vertreibung ihrer Bewohnerinnen und Bewohner. Gleichzeitig klingen auch Vorstellungen von Stadtgottheiten an.

Die Titel *rabbāh* («die grosse [Stadt]») und *sārāh* («Fürstin») für Jerusalem in 1,1 sind Ehrentitel, die im Alten Orient auch Göttinnen zukommen: In Darstellungen der Schutzgöttin mit Mauerkrone drückt sich die Nähe von Stadt und Stadtgöttin aus. Religionsgeschichtlich lässt sich die weibliche Personifizierung der Stadt auf die westsemitische Tradition einer Stadtgöttin oder der Frau eines Schutzgottes der Stadt zurückführen. Diese kann auch Titel wie «Mutter», «Tochter» oder «Jungfrau» haben. Die Personifizierung Jerusalems als Tochter Zion in den Klageliedern hebt die Beziehungsebene zwischen Gott, Volk und Stadt hervor, die gestört ist und wieder hergestellt werden soll. Sie stärkt die emotionale Dimension der Beziehung zu Jerusalem als Ort und hat die Funktion, die Hoffnung auf einen Wiederaufbau zu wecken.

Mehrfach begegnet in den Klageliedern der Name Zion (bzw. Tochter Zion) als Synonym für Jerusalem: Die Herkunft des Wortes ist nicht ganz klar, die hebräische Wurzel *ṣyh* bedeutet «trocken sein». Es ist zunächst die Bezeichnung für den ältesten Kern der vorexilischen Stadt, lokalisiert auf ihrem Südosthügel. Nach 2Sam 5,7 wird die *m^eṣudat ṣiyyôn* («Feste/Palastfestung Zions») von David eingenommen. Salomo verlegt Palast und Tempel auf das höher gelegene Plateau im Norden, so dass auch der spätere Tempelberg «Zion» genannt wird. Im 1. Jh. n. Chr. (nach der Zerstörung des zweiten Tempels, lange vor den archäologischen Ausgrabungen auf dem Südosthügel) geht die Bezeichnung Zion auf den Südwesthügel über (heutiger Zionsberg). Zion und Jerusalem kommen häufig im Parallelismus vor. Zion kann für die ganze Stadt stehen (Ps 48,13). Es bekommt in der Zionstheologie die besondere Konnotation der Gottesstadt: Gott ist in seinem Heiligtum anwesend (Ps 50,2; Sach 8,3). In späten Texten wird Jerusalem zur Heiligen Stadt (Jes 48,2). Neben den Wegen der Stadt (oder in die Stadt) sind auch die Tore der Stadt personifiziert: Sie sollen normalerweise die Stadt beschützen, sind jetzt aber verwüstet und zerstört.

In übertragenem Sinn wird im Buch der Klagelieder der Tod der Stadt Jerusalem betrauert. Gleichzeitig trauert die als Frau personifizierte Stadt über den Tod ihrer Kinder. Durch das literarische Stilmittel der Personifikation wird die Zerstörung Jerusalems dramatischer und persönlicher dargestellt als in den nüchterneren Erzählungen von der Zerstörung Jerusalems in 2Kön 24–25 und Jer 52. Die Personifikation ermöglicht eine mehrdimensionale Schilderung des Leidens: individuell-persönlich, kollektiv und räumlich. Immer wieder werden räumliche Bestandteile der Stadt genannt (Tore, Mauern, Strassen, Plätze) und personifiziert. Begriffe wie «das Innere» changieren bewusst zwischen der räumlichen Dimension der Mitte der Stadt und der Körperlichkeit der Stadtfrau.

Die Stadtfrau und der anonyme Mann sind Identifikationsangebote für die Lesenden und Hörenden, sich gemeinsam an das Leiden der Stadt zu erinnern und es als Kristallisationspunkt eigener Identität anzusehen. Sie verstärken den individuellen und kollektiven Prozess des Gedenkens:

> «Das biblische ‹Gedenken› ist mehr als ein blosses Erinnern oder ein ‹denken daran›. Das Erinnerte wird zur Gegenwart und erlangt dabei wirksame Aktualität. Es entfaltet eine existentielle Dimension, die über den bloss intellektuellen Akt hinausgeht. Wenn der Sprecher in diesem Sinn an sein Schicksal denkt, wird es Teil seiner Gegenwart, seines Erlebens und seines Selbstverständnisses und bestimmt sein Fühlen, Denken und Erleben.»[5]

Parallelen in der Hebräischen Bibel

Die Klagelieder sind stark intertextuelle Literatur mit zahlreichen Parallelen in allen Teilen der Hebräischen Bibel. Sie nehmen vielfältige Motive aus unterschiedlichen Traditionsbereichen auf und verändern sie auf eigenständige Art und Weise.

1. Leichenklagelied, Totenklage:

Immer wieder, vor allem in den Liedern 1, 2 und 4, klingt der Hintergrund der ritualisierten Toten- oder Leichenklage an, die im alten Israel beim Begräbnis eines Verstorbenen üblich war: z. B. 2Sam 1,17–27. Merkmale des Leichenliedes sind z. B.: der einleitende Klageruf *ʾêkāh* («Ach!»); die Gegenüberstellung von früherem Glanz und gegenwärtigem Leid (Klgl 1,1); die ausführliche Beschreibung der Klage in Verben und Adjektiven wie «trauern», «seufzen» oder «weinen»; der häufige Stimmenwechsel; der Appell an das Mitleid der Vorübergehenden (Klgl 1,12); der Rachewunsch (Klgl 1,21–22).[6] Ausgangssituation ist die Klage am Grab eines Menschen. Es wird an den Verstorbenen erinnert und das Leid geschildert, das sich durch seinen Tod für die Hinterbliebenen ergibt. Manche prophetischen Texte übertragen die Totenklage auf eine politische Grösse wie Israel (Am 5,1–2) oder Babylon (Jes 14,4–21). In den Klgl 1; 2 und 4 werden Elemente

5 Frevel, Klagelieder, 221.
6 Vgl. z. B. Jahnow, Leichenlied, 99, 168.

der Totenklage mit der Tochter Zion verbunden, die sowohl als Verstorbene, über die getrauert wird, in den Blick kommt als auch als Vertreterin der Hinterbliebenen.

2. Prophetische Traditionen:

Aus prophetischen Traditionen wird in den Klageliedern vor allem die Vorstellung vom Tag JHWHs als einem Gerichtstag aufgenommen: Der Tag JHWHs, der zunächst als heilvoller, Gerechtigkeit herstellender Tag gedacht war, wird in der Gerichtsprophetie zu einem Unheilstag (Jes 2,12–17; Ez 7,8–12; Am 5,18–20; Zef 1,7–18). Dieses Motiv nehmen Klgl 1 und 2 auf und beziehen diesen Tag auf die historische Zerstörung Jerusalems 587 v. Chr. Weitere Parallelen zu prophetischen Texten in Motivik und Sprache bestehen zu den «Konfessionen» Jeremias (Jer 11,18–20; 12,1–6; 15,10–21; 17,14–18; 18,18–23; 20,7–18) und zu prophetischer Ehe- und Ehebruchmetaphorik (z. B. Jer 2,1–4,4; 13,27; Hos 1,2).

Die Jerusalemer Kulttheologie oder Zionstheologie, die sowohl bei Propheten als auch in Psalmen entfaltet wird, stellt einen weiteren wichtigen Bezugsrahmen der Klagelieder dar: Die Vorstellung, dass JHWH in Jerusalem auf dem Zion als Königsgott in seinem Heiligtum wohnt (Jes 60,14), wird in den Klageliedern zu einem Bereich der erinnerten, glanzvollen Vergangenheit.[7]

3. Psalmentraditionen:

Neben der genannten vielschichtigen Zionstheologie (Ps 46; 48; 135,21)[8] werden in den Klageliedern Strukturelemente der Leidklage aufgenommen – sowohl aus dem individuellen Klagelied als auch Elemente von Volksklagepsalmen: z. B. die Anrufung Gottes; die Klage und Notschilderung, in der Form von Gott-, Feind- oder Ich-Klage; die Bitte; Vertrauensäusserung; ein Schuld-/Unschuldsbekenntnis; Lob oder Lobgelübde. Daneben werden zahlreiche Motive und Sprachbilder aus der Psalmensprache aufgenommen: z. B. Tiervergleiche und «Körperbilder».[9]

4. Parallelen zu deuteronomistischen Texten:

Das Buch der Klagelieder hat zum Teil deuteronomistische Züge (vgl. z. B. Dtn 28), vor allem in der Reflexion der Schuldthematik und im Ruf zur Umkehr: In der Situation der Klage und Verzweiflung werden einzelne Stimmen laut, die überlegen, ob die Sünden oder die «Widerspenstigkeit» der Menschen Gottes Zorn hervorgerufen haben (vgl. z. B. Klgl 1,14.18) und dieser die Zerstörung von Stadt und Tempel als Strafe gebracht hat. Zielpunkt der Klagen ist die Aufforderung zur Umkehr (Klgl 5,21).

5. Weisheitliche Traditionen:

Vor allem Klgl 3 entfernt sich von der Klage über die konkrete historische Situation zu einer umfassenden theologischen Reflexion und ist darin stark weisheitlich geprägt. In seiner Empfehlung, das Leiden still zu ertragen, hat es Parallelen zum Buch Hiob.

7 Vgl. Leuenberger, Jhwh.
8 Vgl. Körting, Zion.
9 Vgl. Bester, Körperbilder.

Altorientalische Traditionen

Viele Elemente der Klagelieder beruhen auf Konventionen und Traditionen, die im gesamten Alten Orient verbreitet sind. Vor allem die mesopotamische Klageliteratur enthält viele Parallelen zu den biblischen Klageliedern. Sie umfasst zwei Arten von Klagen:

– die literarischen oder historischen Klagen, auch Stadtuntergangsklagen genannt: Sie sind im Kontext der Vernichtung der dritten Dynastie von Ur durch die Elamiter (um 2000 v. Chr.) entstanden. Vermutlich ein halbes bis ganzes Jahrhundert später aufgeschrieben, beklagen sie den Untergang konkreter Städte: die Klage über die Zerstörung von Sumer und Ur, Eridu, Uruk und Nippur.[10] Sie stammen ca. aus dem 19. Jh. v. Chr. und wurden nach dem 16. Jh. v. Chr. nicht mehr weiter überliefert. Anlass dieser literarischen Kompositionen ist jeweils ein konkretes historisches Ereignis. Als Entstehungskontext und Ort ihrer Verwendung werden Zeremonien der Restaurierung oder des Wiederaufbaus von Heiligtümern diskutiert,[11] aber letztlich lässt sich ihr Sitz im Leben nicht eindeutig rekonstruieren.

– die kultischen, rituellen oder liturgischen Klagen, verfasst in sumerischer Sprache, im *emesal*-Dialekt, zum Teil begleitet von akkadischen Übersetzungen, auch – nach Musikinstrumenten – *balag*- und *eršemma*-Klagen genannt: Sie finden im Kult ihre Verwendung, einerseits bei regelmässig – täglich, monatlich oder jährlich – wiederkehrenden Anlässen in der Tempel-Liturgie, andererseits bei diversen Ritualen wie Initiationsriten oder Prozessionen, zum Teil im Umfeld des Tempels. Wird die Zerstörung einer Stadt oder eines Tempels durch eine Gottheit beklagt, dann ist sie nicht wörtlich zu verstehen, sondern sie hat eine rituelle und theologische Funktion. Die möglichen Konsequenzen der Zerstörung werden vor Augen geführt. Funktion der Texte ist, die Gottheiten zu beruhigen und an der Zerstörung der Stadt zu hindern. Die *balag*- und *eršemma*-Klagen sind in einem langen Zeitraum von ca. 2000 bis zum Ende des 1. Jh. v. Chr. entstanden.[12]

Merkmale der ersten Gruppe, der mesopotamischen Stadtklagen, die sich auch in den biblischen Klageliedern finden, sind:

– die Zerstörung von Städten durch Sturm oder Feinde als gemeinsames Thema;

– Klage: klagende Stimmung, aus dem Kontext der Totenklage;

– Struktur und poetische Technik: z. B. Stimmenwechsel;

– archetypische Rollenverteilung unter den Gottheiten: «Höhergestellte» Gottheiten, z. B. An oder Enlil, zerstören im Zorn eine Stadt. Die Entscheidung, eine Stadt zu zerstören, liegt allein bei den Gottheiten und ist für Menschen nicht erklärbar;

– Stadtgöttinnen weinen und klagen, weil sie die Stadt vor der Macht stärkerer Gottheiten nicht beschützen können;

---

10 Übersetzungen in Cunningham, Lament; vgl. z. B. Samet, Lamentation.
11 Vgl. Gwaltney, Lamentations, 196.
12 Vgl. Gabbay, Pacifying, 158.

– detaillierte Beschreibung der Zerstörung der Stadt und des Tempels, ihrer Gebäude und Einwohnerinnen und Einwohner, ihrer wirtschaftlichen, politischen, sozialen und vor allem religiösen Strukturen: Litaneien über das Leiden der Bevölkerung – aller sozialen Schichten –, Hunger, Krankheit, Tod und über die Zerstörung des Kultes.

– Erneuerung der Stadt und Rückkehr der Stadtgottheiten (in den Klageliedern nur angedeutet).[13]

Die folgenden zwei Beispiele aus Stadtuntergangsklagen, in denen die jeweilige Schutzgottheit über den Verlust ihrer Stadt, ihres Tempels und ihrer Bevölkerung trauert, sollen diese Parallelen zu den Klageliedern zeigen. So hat die Nennung unterschiedlicher Bevölkerungsgruppen in den Klageliedern Ähnlichkeiten mit den Listen der Bewohnerinnen und Bewohner z. B. in der Klage über Sumer und Ur, Z. 12–16:

«12 die Mutter nicht (mehr) nach ihren Kindern suchen zu lassen,
13 den Vater nicht (mehr) ‹(O) meine Gemahlin!› sagen zu lassen,
14 die Nebenfrau sich im Schoße (des Mannes) nicht (mehr) freuen zu lassen,
15 die Kinder auf den Knien nicht (mehr) heranwachsen zu lassen,
16 die Kinderfrau sie nicht (mehr) einschläfern zu lassen […]»[14]

Die Hebräische Bibel verwendet die Listenform allerdings weniger als die sumerische Poesie. Aber im ganzen Buch der Klagelieder sind Hinweise auf einzelne Gruppen der Bevölkerung von Jerusalem verteilt, die einen Querschnitt der Bewohnerinnen und Bewohner der Stadt ergeben: z. B. das ganze Volk (1,11), junge Frauen und junge Männer (1,18), Priester und Älteste (1,19), König, Fürsten und Propheten (2,9), Mütter (2,12), Kind und Säugling (2,11), die Jüngsten (4,4), Waisen und Witwen (5,3). Vulnerable Gruppen werden in Summe am häufigsten erwähnt, werden also als die am stärksten von der Katastrophe Betroffenen genannt.

Auch das Motiv, dass die Gottheit ihre Stadt nicht ausreichend beschützt und sie deshalb untergeht (Klgl 1,5 u. a.), hat Parallelen in den Stadtuntergangsklagen. Gemeinsam ist den mesopotamischen Klagen, dass sie die Zerstörung von Städten auf unerklärliche Entscheidungen von Gottheiten zurückführen. Weit verbreitete Gestaltungselemente, die sich auch in den Klageliedern finden, sind z. B. der Zorn der Gottheit und die Vernichtung durch Feuer (2,1–4). So drückt sich z. B. in der Klage über Sumer und Ur, Z. 68–75, der Zorn Enlils im Sturm aus:

«68 Die *Stadtgötter* der Städte dort standen abseits,
69 die Menschen atmeten in ihren eigenen Häusern mühsam,
70 der Sturm fesselte sie, lässt *ihnen* das Licht nicht wiederkehren,
71 einen *wiedergekehrten* Tag ließ er sie bekommen […]
73 Enlil ließ […]
75 damals die ‹Gutäer› [die Feinde] aus dem Bergland herunterkommen.»[15]

Die Verantwortung wird hier auf mehrere Gottheiten aufgeteilt: Der Stadtgott kann die Stadt nicht schützen, weil eine höherstehende Gottheit, Enlil, ihren Untergang beschlossen hat. Die Schutzgottheiten, welche sich nicht gegen die mächtigeren Götter zur

13 Vgl. Dobbs-Allsopp, Weep, 30–96.
14 Texte aus der Umwelt des Alten Testaments (TUAT) 2, 701–702.
15 A. a. O., 707.

Wehr setzen können, verlassen die Stadt und überlassen die Menschen ihrem Schicksal. In der Hebräischen Bibel übernimmt JHWH beide Funktionen, sowohl die einer mächtigen Gottheit, die für die Zerstörung der Stadt verantwortlich gemacht wird, als auch die Schutzfunktion einer Gottheit, die um Hilfe angerufen wird.
Merkmale der zweiten Gruppe, der rituell-kultischen Klagen (*Emesal*-Gebete u. a.), die Parallelen zu den Klageliedern haben, sind:

– Absicht der Gebete ist, die Gottheiten zu besänftigen und zu beruhigen, um Zerstörungen zu verhindern;

– Zielpunkt ist die Theophanie, die Erscheinung einer Gottheit;

– die Gebete haben eine gemeinsame Bildsprache aus der Natur, der Tierwelt und menschlicher Körperteile;

– es gibt feste Rollenverteilungen unter den Gottheiten, u. a. Enlil, den Zerstörer, und die klagende Göttin;

– Litaneien, Aufzählungen von Gottheiten, Städten oder Tempeln, in denen einzelne Phrasen mehrmals wiederholt werden.[16]

Ein Beispiel für eine solche Litanei, mit der die Gottheit besänftigt werden soll:

«Herz, dreh dich um! Herz, Ruhe! Ruhe!
Herr der Ländereien! Herz, wende! Wende dich!
Herr, dessen Ausspruch gerecht ist! Herz, wende dich! Wendet euch!»[17]

Diese vergleichbaren Formmerkmale weisen auf eine «gemeinsame konventionelle Verarbeitung der Not in den altorientalischen Kulturen»[18] hin. Die Klagelieder der Hebräischen Bibel sind also u. a. nach dem Vorbild der mesopotamischen Klageliteratur gestaltet, direkte literarische Abhängigkeiten lassen sich aber schwer rekonstruieren. Vor allem zur ersten Gruppe bestehen zwar formale und inhaltliche Parallelen, aber der grosse zeitliche und räumliche Abstand zu den biblischen Klagen macht es schwierig, die Frage der Vermittlung zu beantworten. Die zweite Gruppe, die kultischen, rituellen oder liturgischen Klagen, war über einen Zeitraum von 2000 Jahren im gesamten Alten Orient verbreitet. Hier ist also Kontakt mit den biblischen Klageliedern eher vorstellbar. Ähnlichkeiten lassen sich vielleicht als Ergebnis ähnlicher menschlicher Grundsituationen oder eines Kontinuums von Kultur oder Genre über mehrere Jahrhunderte erklären. Babylon könnte ein möglicher Ort der Vermittlung zur Hebräischen Bibel gewesen sein.

Die mesopotamischen Klagen erinnern daran, dass die Klage im Alten Orient nicht nur eine persönlich-individuelle Angelegenheit ist, sondern ein öffentlich sichtbarer, ritueller Vorgang. Der grösste Unterschied besteht darin, dass die Verantwortung für die Zerstörung der Stadt in den mesopotamischen Klagen allein göttlichen Entscheidungen zugeschrieben wird. In den biblischen Klageliedern wird daneben auch menschliches Verhalten für den Untergang verantwortlich gemacht.

16 Vgl. Gabbay, Pacifying, 15–58.
17 Cohen, Lamentations, 389: «Heart, turn! Heart, calm! calm! / Lord of the lands! Heart, turn! Turn! / Lord whose utterance is just! Heart, turn! Turn!» – deutsche Übersetzung MG.
18 Berges, Klagelieder, 49; vgl. Gabbay, Pacifying, 38.

Datierung und historischer Hintergrund

Es ist davon auszugehen, dass es sich bei den Klageliedern um fünf zunächst eigenständig entstandene, anonyme Lieder handelt, die in Reaktion auf die Zerstörung Jerusalems durch die Babylonier 587 v. Chr., in Jerusalem verfasst wurden. Es sind Texte, die unmittelbar auf die Zerstörung der Stadt und die Vertreibung eines Teils ihrer Bevölkerung ins babylonische Exil Bezug nehmen. Aus der Perspektive von Menschen, die in Jerusalem geblieben sind, wird die Situation in der Stadt geschildert, der Blick aber auch immer wieder auf die Vertriebenen gerichtet. Auch wenn die Klagelieder um ein konkretes historisches Ereignis, die Zerstörung Jerusalems, kreisen, enthalten sie als poetische Texte nur wenige geschichtliche Einzelheiten. Juda und Jerusalem werden namentlich genannt, Babylon wird aber nie erwähnt.

In der Abfolge der fünf Klagelieder ist es am plausibelsten, dass Lied 2 das Älteste ist, weil es die Zerstörung der Stadt am drastischsten schildert und jede Hoffnungsperspektive fehlt. Bald darauf dürfte Lied 4 entstanden sein. Auch Klgl 1 schildert die Katastrophe aus der Perspektive unmittelbarer Betroffenheit. Ein Argument für eine Entstehungszeit von Klgl 1; 2 und 4 unmittelbar nach 587 v. Chr. ist die Emotionalität und Dramatik, die der Text vermittelt. Dagegen spricht allerdings, dass diese emotionale Betroffenheit von den Ereignissen auch das Produkt bewusster literarischer Gestaltung sein kann. Die kunstvolle poetische Form in alphabetischen Gedichten deutet auf einen gewissen Abstand von den Ereignissen hin. Erinnerung braucht Zeit, bis sie in Sprache gefasst werden kann. Auch der intertextuelle Charakter des Buches spricht dafür, dass die Texte mindestens eine Generation nach den Ereignissen entstanden sind: Die Klagelieder verweisen auf viele andere Texte der Hebräischen Bibel, vor allem Propheten, Psalmen und Hiob. Sie zeigen eine Vertrautheit mit den Texten und variieren bekannte Motive. Klgl 3 enthält keine historischen Bezüge, und Klgl 5 ist als Volksklagepsalm insgesamt schwer zu datieren. Während der frühest mögliche Entstehungszeitpunkt der Klagelieder mit der Zerstörung Jerusalems 587 v. Chr. feststeht, wird die Frage des Abstands von diesem Ereignis unterschiedlich beantwortet: Datieren die einen die Lieder in den Zeitraum 580–520 v. Chr.,[19] nehmen andere nur für Klgl 2 und 4 exilische Entstehungszeit an und datieren Klgl 1 und 5 als frühnachexilisch, Klgl 3 sogar als spätnachexilisch.[20]

Die Klagelieder schildern das Leid der Bevölkerung Jerusalems, das durch die z. B. in 2Kön 25 erzählte Zerstörung der Stadt und des Tempels ausgelöst wird. Wie gross der Bevölkerungsschwund in der Zeit des babylonischen Exils tatsächlich war, lässt sich aus den biblischen Texten und archäologischen Befunden nicht genau rekonstruieren: Texte wie 2Chr 36,21, die eine Zeit der Verwüstung und Brache von 70 Jahren nennen, haben das Bild vom leeren Land geprägt: Dieses Bild vom leeren, entvölkerten Juda und Jerusalem wird seit den 1950er-Jahren als Mythos angesehen. So besteht heute ein Konsens, dass das Bild vom «leeren Land» im 6. Jh. v. Chr. sicher nicht zutrifft, sondern dass auch in der Situation des Exils ein Teil der judäischen Bevölkerung im Land geblieben ist. Die ausserbiblischen Quellen zum 6. Jh. sind eher spärlich gesät. Archäologische Forschungen über

19 Vgl. z. B. Koenen, Klagelieder, 46*–49*.
20 Vgl. z. B. Frevel, Klagelieder, 39.

Juda in der Mitte des 6. Jh. v. Chr. zeigen das Bild einer sich selbst erhaltenden ländlichen Gesellschaft mit wenig neuer Bautätigkeit. Es lässt sich kein eindeutiger Bruch in der materialen Kultur nachweisen, aber ein klarer Verfall und eine langsame Erneuerung in einer veränderten Situation.[21]

Stellung im Kanon und Diskussionen um Jeremia als Verfasser

Die Septuaginta stellt eine situative Einleitung an den Anfang der Klagelieder und macht Jeremia zu ihrem Verfasser: «Und es geschah, nachdem Israel in Gefangenschaft geführt und Jerusalem verwüstet worden war, da sass Jeremia weinend da und sang dieses Klagelied auf Jerusalem und sagte» (Lam 1,1 LXX). Die Zuordnung des Buches zu einem genauen Datum, der Zerstörung Jerusalems (587 v. Chr.), und zu Jeremia findet sich z. B. auch im Targum und im babylonischen Talmud (bBB 15). Sie hat sich in christlichen Bibelausgaben mit der Anordnung des Buches der Klagelieder nach Jeremia und damit im Prophetenteil des Kanons erhalten.

Diese traditionelle Zuschreibung zu Jeremia hat Anhaltspunkte in der Hebräischen Bibel: In Jer 8,11.18–23 klagt Jeremia über die Zerstörung Jerusalems – auf eine Art und Weise, die inhaltlich den Klageliedern nahe ist (vgl. Klgl 2,11.18; 3,48): mit ausführlichem Weinen und der Rede vom «Zusammenbruch der Tochter meines Volkes». In 2Chr 35,25 wird Jeremia mit *qînôt* in Verbindung gebracht. Allerdings sind das Totenklagelieder über den Tod Josias (638–608 v. Chr.), nicht über den Untergang Jerusalems. Das Buch der Klagelieder selbst gibt keinen Hinweis auf Jeremia. Sprachliche und inhaltliche Differenzen, Unterschiede in der Art, wie über Jerusalem und ihre Bewohnerinnen und Bewohner gesprochen wird, und in der theologischen Ausrichtung – z. B. der Widerspruch zwischen Klgl 2,9, wonach die Propheten keine Visionen oder Offenbarungen mehr von JHWH empfangen und der Tatsache, dass das Jeremia-Buch genau davon berichtet – sprechen gegen Jeremia als Verfasser. Insgesamt sind die sprachlichen Gemeinsamkeiten zwischen dem Jeremia-Buch (das sich nicht auf einen Einzelpropheten zurückführen lässt) und den Klageliedern nicht so gross, dass man von jeremianischer Verfasserschaft sprechen könnte.

Ausserdem wird in den frühesten hebräischen Handschriften der Klagelieder aus Qumran keine Verbindung zu Jeremia hergestellt. In hebräischen Bibeln wird seit dem 6. Jh. n. Chr. das Buch *ʾÊkāh* zu den *Megillôt,* den «Schriftrollen»/«Festrollen» innerhalb der *Kᵉtûbîm* («Schriften»), gezählt. Es wird dem 9. Av, dem Gedenktag an die Zerstörungen des Tempels – sowohl des ersten Tempels durch die Babylonier (587 v. Chr.) als auch des zweiten Tempels durch die Römer (70 n. Chr.) – zugeordnet. Insgesamt sind die Klagelieder anonyme Traditionsliteratur.

21 Vgl. Meyers, Exile, 167–169; Albertz, Exilszeit, 13–22; Becking, History; Valkama, Remains.

Sitz im Leben

Eine Kontinuität von der mesopotamischen zur biblischen Klageliteratur lässt sich historisch nicht nachweisen, gilt aber als wahrscheinlich. Als möglicher Sitz im Leben gelten für die literarischen Stadtuntergangsklagen Rituale rund um den Wiederaufbau von Stadt und Tempel. In diesem Zusammenhang sollen Gottheiten beschworen werden, Stadt und Tempel nicht wieder zu zerstören. Die liturgischen Klagen sind von historischen Einzelereignissen losgelöst. Hier gilt der rituelle Gebrauch im regelmässigen Kult als Verwendungskontext. Immer wieder wird diskutiert, ob diese Entstehungs- und Verwendungskontexte auch für das nachexilische Juda relevant sein könnten.

Auf jeden Fall besteht eine Lücke zwischen der altorientalischen Klageliteratur und der Verwendung der Klagelieder in der jüdischen Liturgie. In der jüdischen Tradition hat das Buch der Klagelieder einen festen Sitz im liturgischen Leben in der gottesdienstlichen Lesung am 9. Av, zur Erinnerung an die Tempelzerstörungen und an weitere Katastrophen im Lauf der Geschichte des Judentums, bis hin zur Schoah. Die Funktion der Lektüre ist in diesem Zusammenhang Erinnerung und Identitätsstiftung. Von dieser Tradition her liegt es nahe, auf Klagefeiern nach der Zerstörung des Salomonischen Tempels als ursprünglichen Entstehungskontext der Klagelieder rückzuschliessen. Allerdings lässt sich ein solcher ritueller Kontext nicht eindeutig rekonstruieren.

Es ist schwer zu bestimmen, wann die liturgische Verwendung der Klagelieder begonnen hat. Einige argumentieren, dass die biblischen Klagelieder in öffentlichen Trauerzeremonien verwendet wurden, entweder in Jerusalem am Ort des zerstörten Tempels oder in den ländlichen Gebieten um Jerusalem.[22] Andere weisen darauf hin, dass biblische Belege aus dem Buch selbst (Klgl 2,10) und aus anderen Büchern (Jer 41,4–5; Sach 7,1–7) nicht sehr stark sind und unterschiedlich interpretiert werden können. Der Eindruck emotionaler Unmittelbarkeit könnte das Ergebnis besonders kunstfertigen Schreibens sein.[23]

Folgende Argumente werden für den Sitz im Leben der Klagelieder in einer gottesdienstlichen Klagefeier eingebracht:

1. Die Klagelieder sind in den Megillot die Festrolle für den Gottesdienst am Tishʿa be-Av (9. Av), dem Gedenktag an die Zerstörung des ersten und des zweiten Tempels (Mischna, Taʿanit 4,6).

2. Kultische Zusammenhänge setzen eine Tradition voraus: In Sach 7,5 wird regelmässiges Fasten im Exil im 5. und 7. Monat genannt. Allerdings ist hier allgemein von Klagen und Fasten die Rede. Institutionalisierte Klagefeiern lassen sich aus dieser Stelle nicht eindeutig ableiten, sind aber möglich.

3. Das Stichwort «Erinnern», vor allem an bessere Zeiten, das mehrfach in den Klageliedern vorkommt (z. B. Klgl 1,7), könnte auf eine ritualisierte Form der Trauer in gottesdienstlichem Kontext hinweisen.

---

22 Vgl. Salters, Commentary, 10; Maier, Space, 191.
23 Vgl. Renkema, Lamentations, 475; Greenstein, Book, 54–55; Berlin, Lamentations, 33.

Auf diesen Argumenten gründet die Vermutung, dass die Klagelieder bei Gottesdiensten aufgeführt wurden. Folgende Argumente sprechen allerdings gegen solch eine postulierte kontinuierliche Tradition von Klagefeiern:

1. Die Verwendung von Klagen in der Liturgie ist im Judentum nicht kontinuierlich seit der Zerstörung des ersten Tempels belegt. Die liturgische Verwendung der Klagelieder ist erst im frühmittelalterlichen post-talmudischen Traktat Soferim (14,3) überliefert.

2. Es ist unwahrscheinlich, dass die Klagelieder in unmittelbarer zeitgenössischer Nähe zur Zerstörung Jerusalems geschrieben wurden, weil ihre akrostische Form poetisch ausgefeilt ist und sie als stark intertextuelle Literatur auf vielen anderen Textbereichen und Vorstellungen der Hebräischen Bibel aufbaut.

3. Die prophetischen Texte, die als Belege für Klagefeiern herangezogen werden, sind nicht eindeutig: Z. B. spricht Jer 41,4–5 von Klageriten, aber nicht von formellen Klagefeiern. In Sach 7,1–7 ist allgemein von Klagen und Fasten die Rede. Institutionalisierte Feiern lassen sich von dieser Stelle nicht eindeutig ableiten. An Stellen, an denen es um die Totenklage geht – 2Sam 1,17; 2Chr 35,25 *qnn* («klagen») im Sinne der Totenklage; Jer 7,29; Am 5,1: *qînāh* («Totenklage») –, geht es nicht um eine Klage über die Tempelzerstörung.

Die Frage nach einem institutionellen Sitz im Leben der biblischen Klagelieder wird also intensiv diskutiert und muss wohl weiterhin offen bleiben.

Rezeptionen

Die Diskussionen über den Sitz im Leben sind stark mit der Rezeption der Klagelieder im Judentum verknüpft. Neben dem festen Platz der Klagelieder in der Liturgie des 9. Av werden sie auf vielfältige Art und Weise in der jüdischen Tradition aufgenommen, worauf in diesem Kommentar gelegentlich exemplarisch Bezug genommen wird. Die ältesten hebräischen Textfragmente der Klagelieder stammen aus Qumran. Sie stimmen im Grossen und Ganzen mit dem Masoretischen Text überein, zeigen aber an manchen Stellen (z. B. Klgl 1,7) Abweichungen. Der Targum enthält eine aramäische Übersetzung, die mit Kommentaren verknüpft ist. Theologisches Anliegen ist, die Anklagen Gottes zu rechtfertigen. Dies geschieht, indem «[...] als theologische Kernaussage des Buches hervorgehoben wird, dass das Volk gesündigt und damit das Unheil Jerusalems verschuldet hat, Gott also in seinem gnadenlosen Handeln gerecht ist.»[24] Zitate aus den Klageliedern sind in der rabbinischen Literatur verteilt, z. B. im Talmud in ganz unterschiedlichen Zusammenhängen. Eine Sammlung von rabbinischen Auslegungen der Klagelieder ist der Midrasch Ekha Rabba, zusammengestellt im 5. Jh. n. Chr. Er besteht aus 36 Petichot – «Eröffnungen», predigtartigen Einleitungen, die jeweils mit einem Schriftvers ausserhalb der Klagelieder beginnen und zu Klgl 1,1 hinführen – und einer fortlaufenden Auslegung von Klgl 1–5 – einer Sammlung von Homilien und Erzählungen

24 Koenen, Klagelieder Jeremias. Rezeptionsgeschichte, 49.

über tragische Ereignisse in der Geschichte Israels, wie die Zerstörung des ersten und des zweiten Tempels sowie den Bar Kochba-Aufstand, aber auch Anekdoten und Erzählungen, die Trost und Ermutigung spenden sollen. Auf einzelne Auslegungen vor allem aus diesem Midrasch wird im Folgenden gelegentlich Bezug genommen.

Seit den Septuaginta-Handschriften und Kirchenväter-Zitaten hat die christliche Rezeption den leidenden Mann in Klgl 3 und den «Gesalbten JHWHs» in Klgl 4,20 mit Christus identifiziert. Durch das Mittelalter hindurch und bis zum 2. Vatikanischen Konzil waren die Klagelieder in der katholischen Karwochenliturgie mit der Deutungsperspektive des Leidens Christi Bestandteil der «Tenebrae». Im evangelischen Gottesdienst spielen sie keine grosse Rolle, nur Klgl 3,22–26.31–32 kommt in der Perikopenordnung der EKD vor.

Manche Formulierungen in den Klageliedern sind schwer verständlich. Sie bedürfen einer Einordnung in ihren literarischen und historischen Kontext. An anderen Stellen sind Erfahrungen von Leid und Schmerz so allgemein formuliert, dass sie unmittelbar zugänglich sind und sich immer wieder neu mit Krisenerfahrungen unterschiedlicher Zeiten verbinden lassen.

Anthropologische Aspekte

1. Ausdrucksweisen der Klage

Die Klage ist im Alten Orient nicht nur etwas persönlich-Individuelles, sondern ein öffentlich sichtbarer Vorgang. Sie wird mit Seufzen und Stöhnen hörbar zum Ausdruck gebracht (Klgl 1,4.8.11.21–22). Persönlicher Schmerz wird in Klagegesten und -riten verarbeitet: auf der Erde sitzen, schweigen, Staub auf den Kopf streuen, Trauergewänder umbinden, den Kopf zur Erde beugen (Klgl 2,10). Die Klage, das Aussprechen der Not, ist ein erster Schritt der Verarbeitung des Traumas der Zerstörung Jerusalems. An manchen Stellen fordern sie explizit zum Gebet auf, z. B. Klgl 2,19: aufstehen, schreien, das Herz ausschütten und die Hände erheben. Das Ausschütten des Herzens ist ein Vorgang, Inneres, Emotionen und Gedanken nach aussen und vor Gott zu bringen. Das Erheben der Hände ist eine im Alten Testament und im Alten Orient weit verbreitete Gebetsgeste (vgl. z. B. Ps 28,2; Klgl 3,41). Die Hände sollen die Verbindung zwischen Mensch und Gott herstellen. Die Klagelieder sind Gedichte, poetische Texte: In ihrer Mehrdeutigkeit laden sie dazu ein, immer wieder neue Sinndimensionen zu suchen und sie mit anderen Krisensituationen zu verbinden.

2. «Psychosomatik» des Leidens

Auch wenn «Psychosomatik» ein moderner Begriff ist, kommt das, was er beschreibt, bereits in Texten des Alten Orients und der Hebräischen Bibel vor. Das altorientalische Menschenbild trennt nicht zwischen Seele und Körper, sondern es ist «ganzheitlich»: Wenn Körperteile genannt werden, so sind ihre Funktionen, Emotionen, Handlungen und Beziehungen mit gemeint. Die körperliche oder vitale, die personale, die soziale und die transzendentale Dimension sind eng miteinander verbunden. Über den Körper werden Beziehungen zu anderen Menschen und zu Gott hergestellt. Die Mehrdimensionalität und «Ganzheitlichkeit» ist ein grundlegendes Charakteristikum der Auffassungen vom Menschen in der Hebräischen Bibel. Der einzelne Mensch ist immer eingebunden in ein soziales Gefüge, personale und kollektive Identität sind miteinander verbunden.

Diese «Ganzheitlichkeit» gilt auch für die Schilderungen von Leiden in den Klageliedern: Leiden wird sowohl in seiner physischen als auch in seiner psychischen Dimension beschrieben. Die Verschränkung von individuellen und kollektiven Aspekten des Leidens wird literarisch in einem Wechsel von unterschiedlichen Stimmen und Perspektiven ausgedrückt. Der einzelne Mensch ist gleichzeitig als Individuum und als Teil der Bevölkerung der Stadt im Blick. Die Not trifft die Stadtfrau in ihrem ganzen Körper. Physische und psychische Vorgänge im Inneren korrelieren mit Bedrängnis von aussen (Klgl 1,20–22).

Sinnliche Wahrnehmungen und Emotionen spielen in allen fünf Klageliedern eine wichtige Rolle und werden in unterschiedlichen Facetten entfaltet: So betont z. B. Klgl 1 den Gestus der Klage, die personifizierte Stadtfrau weint und klagt, drückt ihren Schmerz in Form von Klageriten aus. Klgl 2 aktiviert in besonderer Weise akustische Signale: Festlärm, Feinde, die lärmen und das Maul aufreissen, verstummende Älteste. Klgl 4 spricht speziell den Sehsinn an: Farben und Dunkelheit werden beschrieben, Sehen und Blindheit. Die in den Liedern thematisierten und von ihnen ausgelösten Emotionen sind vielschichtig.[25] Trauer und Schmerz sind grundlegende Emotionen in allen fünf Liedern.

3. Erinnerung an bessere Zeiten

In den altorientalischen Totenklagen wird häufig das gegenwärtige Elend früherem Glanz gegenübergestellt. Ähnlich passiert das auch in den Klageliedern. «Jerusalem erinnert sich *[zkr]*» (Klgl 1,7) – das Stichwort *zkr* kommt in diesem Zusammenhang öfter vor. In der gegenwärtigen Situation von umfassendem Elend und Heimatlosigkeit wird die personifizierte Stadt als eine dargestellt, die sich an bessere Zeiten erinnert. Mehrmals wird in den Klageliedern an frühere Pracht (Klgl 1,6), Kostbarkeiten oder Tempelschätze (Klgl 1,10.11) und vergangene Festfreude (Klgl 2,6) erinnert. Die Erinnerung an das Gute in der Vergangenheit, das Schema Einst und Jetzt, ist ein typisches Merkmal der Totenklage. Es umschreibt einen Erinnerungs- und Klagevorgang zur Bewältigung der Katastrophe. Darüber hinaus wird durch die Erinnerung kollektive Identität hergestellt.

Theologische Themen

1. Ambivalentes Gottesbild

Die Klagelieder entfalten in mehreren Gedankengängen die Sprach- und Fassungslosigkeit angesichts der Zerstörung der Stadt Jerusalem und ihres Tempels. JHWH, der Gott Israels, wird in der Katastrophe als fern und abwesend beschrieben. Gott hat die Stadt vergessen (Klgl 2,1). Das individuelle und kollektive Leiden wird dadurch noch drastischer, dass Gott nicht nur als fern wahrgenommen, sondern zusätzlich auch noch als sein Verursacher dargestellt wird, als aktiver Zerstörer und Feind (z. B. in Klgl 1,12–13).

25 Berlin, Lamentations, 41.61.98, nennt für Klgl 1 Trauer und Scham als Basisemotionen, für Klgl 2 Zorn und für Klgl 4 Erniedrigung.

Vor allem Klgl 2 ist eine durchgehende Anklage Gottes, in der Gewalt als Teil menschlicher Realität nicht nur den Feinden zugeschrieben wird, sondern auch Gott. Menschliches Leiden wird in den Klageliedern wie in der Hebräischen Bibel insgesamt letztlich auf Gott zurückgeführt. Gott wird für die menschliche Not verantwortlich gemacht. Beklagt wird eine Situation, in der JHWH entweder in weite Ferne gerückt ist oder selbst hinter der Gewalt der Feinde steht.

Diese Gottesvorstellung lässt sich vielleicht vor dem Hintergrund der genannten altorientalischen Traditionen erklären: Diese führen die Zerstörung von Städten auf für Menschen unerklärliche Entscheidungen von Gottheiten zurück. Die Verantwortung wird in den Stadtuntergangsklagen auf mehrere Gottheiten aufgeteilt: Die Stadtgottheiten können ihre Stadt nicht schützen, weil höherstehende Gottheiten ihren Untergang beschlossen haben. In der Hebräischen Bibel übernimmt JHWH beide Funktionen, sowohl die eines mächtigen Gottes, der für die Zerstörung der Stadt verantwortlich gemacht wird, als auch die der schützenden Stadtgöttin, die um Hilfe angerufen wird. Die Rede vom Zorn Gottes ist ein verzweifelter Aufschrei, ein Versuch, eine Erklärung für die Not zu finden. Intention dieser Texte ist es, JHWH als mächtig zu zeigen, sogar als Herrn (Adonai) über den Untergang, um auch in der Niederlage an der Vorstellung von der Macht Gottes festhalten zu können. Der rituell-kultische Charakter der biblischen Klagelieder könnte auf einen Impuls der jüngeren mesopotamischen Klagen zurückgehen: Im Kontext des Wiederaufbaus von Stadt und Tempel im perserzeitlichen Jehud soll eine Fortsetzung von Gewalt und Zerstörung verhindert werden.

Das in diesen Texten zum Ausdruck kommende Gottesbild ist für uns heute schwer verständlich. Die Schilderungen göttlicher Gewalt gegen wehrlose Menschen gehen zum Teil an die Grenzen des Erträglichen und bleiben für zeitgemässe Theologie anstössig. Diese Gewalt ist von der Wirkungsgeschichte her problematisch, weil sie zur Rechtfertigung von Gewalt, vor allem auch gegen Frauen, herangezogen werden kann. Sie macht die historische Distanz zu den Texten in besonderer Weise bewusst und soll nicht relativiert werden. Eine Möglichkeit, sie zu verstehen, ist – neben der Einordnung in den altorientalischen, historischen Kontext – ein Verständnis als Rollendichtung. Die Texte lassen sich als Versuche interpretieren, menschliche Gewalterfahrungen gegenüber Gott zu «kanalisieren», um so die als schmerzhaft empfundene Wirklichkeit bewältigen und verarbeiten zu können. Sie geben Gewalterfahrungen eine Stimme und einen Textraum.[26] Auch wenn Erfahrungen von Gottferne und kämpferische Gottesbilder – z. B. Gott als Krieger mit Pfeil und Bogen in Klgl 2,4 – in den Klageliedern überwiegen, fordern die Texte auch dazu auf, sich an die andere Seite Gottes zu erinnern: an den sich erbarmenden, mitfühlenden Gott, z. B. in Klgl 3,22.

2. Reflexion der Schuldthematik

Anders als in den altorientalischen Parallelen sehen manche Klagelieder den Grund für den Untergang zusätzlich zum göttlichen Wirken auch im Verhalten der Menschen. Durch das gesamte Buch der Klagelieder zieht sich ein Ringen mit dem Themenfeld Schuld und Sünde. Aus einer Binnenperspektive werden Stimmen formuliert, die im Verhalten des Volkes eine Ursache für die Zerstörung von Stadt und Tempel und das Exil

26 Vgl. Bail, Sehnsucht, 53–58.

sehen (Klgl 1,8). An manchen Stellen wird menschliche Schuld und Verantwortung zugegeben, an anderen zeigt sich eine gewisse Distanzierung (vgl. die unterschiedlichen Akzentsetzungen in Klgl 5 zwischen den Versen 7 und 16). Mit der Einsicht in die eigene Schuld als Mitursache für das gegenwärtige Elend haben die Klagelieder grosse Parallelen zur prophetischen Literatur und zu deuteronomistischen Konzepten. Die Vorstellung, dass nicht konkret benannte Verfehlungen des Volkes dazu geführt haben, dass sich JHWH von der Stadt abgewendet hat, begegnet immer wieder in den Klageliedern. Trotzdem wird an der Vorstellung festgehalten, dass Gott sein Volk nicht verworfen hat. Damit wird JHWH als mächtiger Gott dargestellt. Die Intention des Buches ist, trotz aller Not an ihm festzuhalten. Klgl 3 und 5 rufen explizit zu Sündenbekenntnis und Umkehr auf. Jes 40,1–2, der Prolog des Deuterojesaja-Buches, antwortet auf diese Schuldtheologie, indem der Text Jerusalem von Schuld freispricht.

3. Gott als Adressat der Klage

Wie in den Klagepsalmen wird Gott in den Klageliedern zwar für die menschliche Not verantwortlich gemacht, aber trotzdem als Adressat der Klage angerufen und um Hilfe gebeten. Mehrmals wird JHWH zum Sehen und genauen Hinschauen aufgefordert (Klgl 1,9.11.20; 2,20; 5,11). Auch wenn die Klagelieder wenig Trost zu bieten haben, liegt zumindest im Aussprechen der Not ein erster Schritt in Richtung ihrer Überwindung. Durch die Spiritualität der Klage werden in den Klageliedern Wege aus der Gotteskrise gesucht. Ähnlich wie in den Psalmen hat die Klage «Ventilfunktion», sie dient der Verarbeitung und Bewältigung der Krise. Eine Funktion der Texte ist es, trotz aller Not zum Gebet hinzuführen. Sie fordern dazu auf, Gott als Ansprechpartner für das Leiden, als Adressaten der Klage anzusehen. Menschliche Not hat im Gebet, in der Klage einen Ort. Nicht nur Jerusalem und ihre Bewohnerinnen und Bewohner werden zum Erinnern aufgerufen, sondern auch Gott wird dazu aufgefordert, die Ferne aufzugeben und wieder an die Stadt und die Menschen zu denken (Klgl 3,19; 5,1). Klgl 3,20–21, ist eine Art Schlüsselstelle für die Intention der Klagelieder: Der Text beschreibt den Übergang vom schmerzhaften Erinnern/Gedenken *(zkr)* an die Not der Vergangenheit zur Rückerinnerung an die noch davor liegende Gnade Gottes. Er fordert dazu auf, sich trotz aller gegenwärtigen Gewalt das davor liegende Erbarmen Gottes bewusst zu machen. Der Zorn Gottes wird als vorübergehende Phase dargestellt.

Die Verbalisierung von Leidenserfahrungen in einer Bedrohungssituation ist ein erster Schritt der Bearbeitung von Ängsten und Nöten. Das Gottesbild der Klagelieder verbindet gewaltvolle und barmherzige Seiten: Der Appell an Gott, genau hinzusehen und sich wieder an sein Volk zu erinnern, hat nur Sinn, wenn von Gott nicht nur Gewalt, sondern auch Erbarmen und Trost erhofft werden. Auch wenn die Klagelieder wenig Hoffnungsperspektiven zu bieten haben, zeigen sie zumindest erste Schritte von Krisenbewältigung auf: Aussprechen von Leidenserfahrungen, Erinnerung an bessere Zeiten, Klage und Gebet, zum Teil auch Sündenbekenntnis. Sie sind Krisenliteratur, die zur Traumabewältigung beitragen will. Die Klagelieder rufen dazu auf, trotz aller erfahrenen Not an Gnade, Erbarmen und Treue JHWHs festzuhalten.

Das erste Klagelied

1 *(Alef)* Ach, wie liegt sie einsam da,
die Stadt, einst reich an Volk,
nun einer Witwe gleich!
Eine Grosse unter den Nationen,
eine Fürstin unter den Provinzen,
nun in Fronarbeit!
2 *(Bet)* Bitter weint sie in der Nacht,
und ihre Tränen sind auf ihren Wangen,
keinen hat sie, der tröstet,
unter all denen, die sie geliebt haben;
all ihre Freunde haben treulos an ihr gehandelt,
sind nun ihre Feinde.
3 *(Gimel)* Juda ist in die Verbannung gegangen
seines Elends und der harten Arbeit wegen;
unter den Nationen weilt es,
es findet keine Ruhe,
alle seine Verfolger haben es eingeholt
mitten in den Bedrängnissen.
4 *(Dalet)* Die Wege nach Zion trauern,[27]
denn da ist keiner, der zum Fest kommt,
alle ihre Tore sind verwüstet,
ihre Priester seufzen,
ihre Jungfrauen sind voller Kummer,
und sie selbst ist voll von Bitterkeit.
5 *(He)* Ihre Gegner haben die Oberhand gewonnen,
ihre Feinde sind zufrieden,
denn JHWH hat Jerusalem[28] in Kummer gestürzt,
ihrer vielen Vergehen wegen.
Gefangen mussten ihre Jüngsten vor dem Gegner hinziehen.
6 *(Waw)* Und all ihre Pracht ist aus der Tochter Zion fortgezogen,
ihre Fürsten sind wie Hirsche geworden, die keine Weide finden,
und ohne Kraft sind sie weggelaufen vor ihren Verfolgern.
7 *(Sajin)* Jerusalem erinnert sich
in den Tagen ihres Elends und ihrer Heimatlosigkeit
all ihrer Kostbarkeiten
aus den Tagen vor der Zeit,
da ihr Volk in die Hand des Gegners fiel
und keiner da war, der ihr half.

---

27 Eine andere Übersetzungsmöglichkeit: «Die Wege Zions trauern ohne die, die zum Fest kommen»: «Wege Zions» ist doppeldeutig und kann sowohl als *genetivus subiectivus* verstanden werden («die Wege Zions») als auch als *genetivus obiectivus* («die Wege nach Zion», ZB). Je nach Übersetzung verändert sich die Perspektive.

28 «Jerusalem» ist eine Ergänzung der ZB zum besseren Verständnis.

Die Gegner sahen sie,
lachten darüber, dass es zu Ende war mit ihr.
8 *(Chet)* Schwer hat Jerusalem gesündigt,
darum ist sie zum Gespött[29] geworden.
All ihre Verehrer verachten sie,
denn sie haben ihre Blösse gesehen.
Sie selbst seufzt und hat sich abgewendet.
9 *(Tet)* Ihre Unreinheit klebt an ihren Säumen,
sie hat nicht bedacht, wie es mit ihr enden könnte,
und ist entsetzlich heruntergekommen;
da ist keiner, der sie tröstet.
Sieh dir, JHWH, mein Elend an,
der Feind tut sich gross!
10 *(Yod)* Der Gegner hat seine Hand ausgestreckt
nach all ihren Kostbarkeiten.
Sie musste mitansehen, wie Nationen in ihr Heiligtum kamen,
denen du geboten hattest,
nicht in deine Versammlung zu kommen!
11 *(Kaf)* Ihr ganzes Volk seufzt, sie suchen Brot,
ihre Kostbarkeiten haben sie für Nahrung hergegeben,
um wieder zu Kräften zu kommen.
Sieh, JHWH, und schau doch,
wie verachtet ich nun bin!
12 *(Lamed)* Euch bedeutet es nichts,[30]
euch allen, die ihr vorüberzieht auf dem Weg.
Schaut her und seht, ob es einen Schmerz gibt wie den Schmerz,
der mir zugefügt worden ist,
mit dem JHWH mich in Kummer gestürzt hat
am Tag seines glühenden Zorns.
13 *(Mem)* Aus der Höhe sandte er Feuer in meine Gebeine,
und dann zertrat er sie.
Meinen Füssen hat er ein Netz gelegt,
er hat mich zurückgedrängt,
mich entsetzlich zugerichtet,
er hat mich krank gemacht für alle Zeit.

29 Die ZB leitet das *hapax legomenon nîdāh* von der Wurzel *nwd* («sich hin und her bewegen» / «schwanken» oder «den Kopf schütteln») ab. Ein Argument dafür ist die Qumran-Variante (4QLam) *lnwd*. So entsteht «sie ist zum Gespött geworden» als eine mögliche Übersetzung. Im Zusammenhang mit der Fortsetzung des Verses, dem Spotten der Verehrer, ist diese Übersetzung plausibler als eine andere Lesart, die hier eine *scriptio plena*-Variante von *niddāh* vermutet und «unreine Frau» übersetzt (so z. B. Luther).

30 Die ersten beiden Wörter im hebräischen Text sind schwer verständlich – wörtlich: «nicht zu euch» – und werden daher in Übersetzungen in unterschiedliche Richtungen ergänzt, so auch hier: «Euch [bedeutet es] nichts.»

14 *(Nun)* Das Joch meiner Vergehen lässt mir keine Ruhe,[31]
zusammengefügt von seiner Hand.
Man hat es auf meinen Nacken gelegt,
das hat meine Kraft gebrochen.
Der Herr hat mich jenen in die Hände gegeben,
denen ich nicht standhalten kann.
15 *(Samech)* Wertlos machte der Herr alle meine Starken in meiner Mitte,
eine Festversammlung hat er gegen mich einberufen,
um meine jungen Männer zu brechen.
Der Herr trat die Kelter:[32]
die Jungfrau Tochter Juda!
16 *(Ajin)* Darüber weine ich,
mein Auge, mein Auge zerfliesst von Wasser,
denn fern von mir ist, wer trösten könnte,
mich wieder zu Kräften brächte.
Entsetzlich sind meine Kinder zugerichtet worden,
denn der Feind war überlegen!
17 *(Pe)* Zion hat ihre Hände ausgestreckt,
da ist keiner, der sie tröstet.
Gegen Jakob hat JHWH
ringsum dessen Gegner aufgeboten.
Unter ihnen ist Jerusalem unrein geworden.
18 *(Zade)* Gerecht ist er, JHWH,
ich aber[33] war widerspenstig gegen sein Wort.[34]
Hört doch, all ihr Völker,
und seht meinen Schmerz!
Meine jungen Frauen und meine jungen Männer
mussten in die Gefangenschaft!
19 *(Qof)* Ich rief nach denen, die mich geliebt haben,
sie haben mich im Stich gelassen,
meine Priester und meine Ältesten sind umgekommen in der Stadt –
sie hatten sich Nahrung gesucht,
um wieder zu Kräften zu kommen.

31 Die Bedeutung des ersten Versteiles ist unklar, weil die Wurzel *śqd* sonst nirgends vorkommt. Die Übersetzung der ZB «Das Joch meiner Vergehen lässt mir keine Ruhe» stützt sich auf die Lesart *šqd*ʿni. («wachsam sein» / «bewacht werden»), die in manchen Handschriften des Masoretischen Textes belegt ist. Eine andere Möglichkeit ist die Lesart (*niqšerāh* «angebunden») aus 4QLam (abgeleitet von der Wurzel *qšr*), was folgende Übersetzung ergibt: «Das Joch meiner Sünden ist aufgebunden.»

32 Hinter diesem Doppelpunkt verbirgt sich im Hebräischen die Präposition *le,* die sich unterschiedlich übersetzen lässt: «in Bezug auf»/«für»/«hinsichtlich»/«gegen» die Tochter Juda.

33 Im Hebräischen steht hier *kî,* das sich auch mit «ja» oder «denn» übersetzen lässt. Bei der zweiten Variante zeigt sich in der beklagenswerten Situation der Stadt die Gerechtigkeit Gottes, als Konsequenz menschlicher «Widerspenstigkeit».

34 In der wörtlichen Bedeutung – «gegen seinen Mund» – wird JHWH in seiner Körperlichkeit beschrieben.

20 *(Resch)* Sieh, JHWH, dass ich in Not bin,
mein Inneres steht in Flammen,[35]
mein Herz dreht sich mir,
denn ich war so widerspenstig!
Draussen raubt das Schwert die Kinder,
im Haus ist es wie tot.
21 *(Schin)* Man hörte mich seufzen,
da war keiner, der mich tröstete.
Alle meine Feinde haben von meinem Unglück gehört,
sie haben sich gefreut,
dass du es warst, der es getan hat!
Bringst du den Tag, den du ausgerufen hast,
wird es ihnen ergehen wie mir!
22 *(Taw)* All ihre Bosheit soll vor dich kommen,
dann verfahre mit ihnen
wie du mit mir verfahren bist
all meiner Vergehen wegen!
Denn zahlreich sind meine Seufzer,
und mein Herz ist krank.

Literarisch-historische Einordnung

Formal ist das erste Klagelied als Akrostichon gestaltet, die 22 Strophen beginnen jeweils mit einem der 22 Buchstaben des hebräischen Alphabets. Diese poetische Gestaltung deutet darauf hin, dass Klgl 1 als ein in sich abgeschlossenes literarisches Kunstwerk verfasst wurde.

Eine Gliederung des Textes ergibt sich durch den Stimmenwechsel: Im ersten Teil des Liedes (V. 1–11) schildert eine externe Stimme die Zustände in Jerusalem. Die Stadt tritt in personifizierter Form als Jungfrau, versklavte Fürstin, Klagefrau, verlassene Geliebte, vergewaltigte Frau, einsame Witwe und ihrer Kinder beraubte Mutter auf. In V. 9 und 11 sind Stimmen der Stadt eingeflochten: Appelle an Gott, eingeleitet mit «Sieh, JHWH!»

Im zweiten Teil, V. 12–22, spricht Jerusalem selbst in erster Person. Angesprochen werden in V. 12 «alle, die ihr vorüberzieht auf dem Weg» und in V. 18 «all ihr Völker». In diese Rede Jerusalems ist umgekehrt in V. 17 eine Rede über die Stadt eingeflochten. In V. 20–22 mündet das Lied Jerusalems in ein Gebet zu Gott ein, wieder eingeleitet mit dem Appell «Sieh, JHWH!»

Klgl 1 ist ein anonymes Lied. Als Verfasserkreis kommen Dichter aus dem Umfeld des Jerusalemer Kultes infrage, die Zugang zu schriftlichen Traditionen haben. Auch wenn Klgl 1 in poetischer Sprache den Untergang Jerusalems beklagt, lassen sich Hinweise auf die konkreten, historischen Umstände herauslesen: Ein Teil der Bevölkerung Judas ist in die Verbannung gezogen (V. 3), die Einwohnerzahl ist zurückgegangen, Feinde haben die

35 Hebräisch *me'ay ḥᵃmarmārû* lässt sich auf unterschiedliche Weise übersetzen: «Mein Inneres steht in Flammen», «glüht in Aufruhr» oder «meine Eingeweide sind aufgewühlt». Hier findet sich ein lautmalerisches Wortspiel mit den Wurzeln *ḥmh*/*ḥwm* («glühen» / «warm, heiss sein» / «Hitze») und *mrh* («widerspenstig» / «trotzig sein») oder *mrr* («bitter sein»), vielleicht auch *ḥmr* («gären»/«brausen»/«schäumen»).

Macht (V. 5.7), die eigenen Machthaber sind schwach (V. 6), das Volk hungert (V. 11.19). Geschildert wird der Ausnahmezustand nach der Zerstörung Jerusalems. In der relativen Chronologie besteht Konsens darin, dass Klgl 1 nach Lied 2 und 4 eingeordnet wird. Bei der genaueren Datierung werden zwei Positionen vertreten: entweder noch exilisch[36] oder frühnachexilisch.[37] Argumente für exilische Datierung sind die Unmittelbarkeit der Klage und die Emotionalität der Notschilderung sowie das Fehlen von Rückkehrbestrebungen. Für frühnachexilische Datierung spricht eine gewisse Nähe zu deuteronomistischem Denken, das nach Ursachen für den Zusammenbruch von Stadt und Tempel sowie die Exilierung sucht und diese auch in Verfehlungen des Volkes JHWH gegenüber sieht.

Kommentar

V. 1–11 Schilderung der Not der Stadtfrau Jerusalem

1 Der Klageruf *ʾêkāh* («Ach!» / «Ach, wie ...») eröffnet das erste Klagelied (genauso wie Lied 2 und 4): *ʾêkāh* leitet als Seufzer oder klagender Aufschrei aus unmittelbarer Betroffenheit eine Totenklage ein. Leichenklagelieder können auf eine Stadt (Jer 9,18) oder ein Land (Ez 26,17) übertragen werden, deren Zerstörung wie der Tod eines Menschen beklagt wird. Nach dieser Einleitung wird rasch klar, dass Jerusalem nicht tot ist, sondern lebt, ihr Zustand aber betrauernswert ist.

In der aramäischen Übersetzung des Targum wird dieses «Ach» über die Zerstörung des Tempels Jeremia in den Mund gelegt. Der Midrasch (EkhaR) beschreibt Gott anthropomorph und emotional involviert in das Leiden Israels: Gott klagt mit «Ach» selbst, sowohl über die Vertreibung der ersten Menschen aus dem Paradies als auch über sein Volk (Petichta 4). Er wird mit einem König aus Fleisch und Blut verglichen, der mit verschiedenen Trauerriten um einen Angehörigen trauert (EkhaR 1,1).

Die Stadt Jerusalem wird in Klgl 1 personifiziert als Frau dargestellt und in wechselnden Rollen beschrieben. In drei Gegensatzpaaren wird die frühere Situation der leidvollen Gegenwart gegenübergestellt: Der einst Völkerreichen, der Fürstin unter den Provinzen, wird die Einsame, Witwe und Fronarbeiterin entgegengesetzt. Sie «sitzt» *(yšb)* (anders ZB: sie «liegt») einsam da, sie «wurde zur Fronarbeiterin.»

Die Titel *rabbāh* («die grosse [Stadt]») und *śārāh* («Fürstin») für Jerusalem sind Ehrentitel, die im Alten Orient auch Göttinnen zukommen. In Darstellungen der Schutzgöttin als weibliche Gestalt mit einer Mauerkrone auf dem Kopf drückt sich die Nähe von Stadt und Stadtgöttin aus. Religionsgeschichtlich lässt sich die weibliche Personifizierung der Stadt auf die westsemitische Tradition einer Stadtgöttin oder der Frau eines Schutzgottes der Stadt zurückführen, die auch Titel wie «Mutter», «Tochter» oder «Jungfrau» haben kann. Baalat Gebal ist z. B. die Herrin von Byblos, die Stadt Ugarit hat einen vergleichbaren Titel.

V. 1 setzt sich aus drei Paradoxa zusammen, denn die Stadt ist «einsam», obwohl sie «reich an Volk» war und demnach reichlich bevölkert sein sollte; sie ist «nun» einer «Witwe» gleich, obwohl sie «die Grosse unter den Nationen» war, welche von allen (anderen Städten) als Gemahlin begehrt werden sollte; sie ist «Fürstin» und dennoch ist

36 Vgl. Koenen, Klagelieder, 30.
37 Vgl. Frevel, Klagelieder, 39.

sie «nun in Fronarbeit». Diese Widersprüche werden im Hebräischen zweimal durch das Verb «sie ist geworden» ausgedrückt, im Deutschen durch «nun». Wie in der Totenklage üblich, wird jeweils ein früherer Zustand dem jetzigen gegenübergestellt. Damit werden zwei Aspekte im Erinnerungsprozess gleichzeitig: die Zerstörung der Stadt und ihr Charakter als Sehnsuchtsort.

2 V. 2 ist von zwei Themen beherrscht, der Trauer und dem Treuebruch der Freunde, durch den diese sich zu Feinden wandeln: Die Stadt, personifiziert als Frau, «weint bitter» (oder «weint und weint», weint also intensiv. Im biblischen Hebräisch ist das Phänomen der *figura etymologica* – die Kombination eines Verbs mit dem Infinitiv derselben Wurzel – weit verbreitet, um die Intensität einer Handlung auszudrücken. Der babylonische Talmud versucht, diesem grammatikalischen Phänomen auch inhaltlich einen Sinn zu geben: Er erklärt das doppelte Weinen so, dass das erste «Weinen» dem ersten Tempel gilt und das zweite dem zweiten (Sanhedrin 104).

Die Nacht ist in der Hebräischen Bibel eine Zeit von Unruhe und Klage (Num 14,1; 1Sam 15,11), umfassender Reflexion und Nachdenken (Ps 77,3.7), Not und Todesnähe (Ps 6,6–7), Einsamkeit und Sehnsucht (Hld 3,1). Mit den «Wangen», auf denen Tränen sind, wird zum ersten Mal ein Körperteil der Stadtfrau genannt, weitere folgen. Nach dem eröffnenden Klageruf *ʾêkāh* («Ach!») in V. 1 und dem Weinen in V. 2 ist der Gegensatz zwischen Einst und Jetzt ein weiteres Element der Totenklage in Klgl 1: Während in V. 1 der frühere Bevölkerungsreichtum der Stadt der gegenwärtigen Einsamkeit gegenübergestellt wird, sind es in V. 2 die früheren Liebhaber und Freunde, die zu Betrügern («sie haben treulos an ihr gehandelt»; *bgd*) und Feinden geworden sind. In V. 2 werden zum ersten Mal die Feinde *(ʾoyᵉbîm)* genannt (vgl. V. 5.21). Das Erschreckende liegt vor allem darin, dass es frühere Freunde oder Liebhaber sind, die zu Feinden geworden sind. «Sie hat keinen Tröster» wird in Klgl 1 wie ein Motto (mit leichten sprachlichen Variationen) mehrfach wiederholt: V. 2.9.16.17.21.

3 Die *Gimel*-Strophe wird mit dem Verb *glh* eröffnet: «Juda ist in die Verbannung gegangen *[glh]*.» Das ist als aktiver Vorgang beschrieben, mit dem Verb in der femininen Singular-Form, obwohl es nie ein freiwilliges Weggehen beschreibt (vgl. 2Kön 17,23; Jer 52,15). Juda, personifiziert als Frau, ist hier weniger als staatliches Gebilde, sondern eher als Bevölkerungsgruppe im Blick. «Juda sitzt/wohnt [*yšb;* Fortsetzung von V. 1] unter den Nationen/Völkern *[gôyim]*» ist eine weitere Beschreibung der Exilssituation. Hier sind mit *gôyim* eindeutig fremde Völker gemeint. Die Hebräische Bibel – und Jüdinnen und Juden bis heute – verwenden den Begriff *gôlāh* (bzw. *gālût*) für das Exil: Abgeleitet von der Wurzel *glh,* die ein weites Bedeutungsspektrum hat – «fortziehen»/«weggehen»/«auswandern»/«deportiert werden»/«in die Verbannung gehen», aber auch «entblössen»/«öffnen» –, bezeichnet *gôlāh* sowohl als Kollektivbegriff die *Gruppe* der Deportierten, Exilanten, Verbannten, die Exilgemeinde als auch den *Vorgang* der Deportation, Verbannung, Wegführung oder Exilierung sowie später auch den *Ort* oder *Zustand* des Exils. Entweder als Grund für die Exilierung oder im Sinne der Umstände der Exilierung werden «Elend *[ʿᵒnî]* und harte Arbeit» angegeben: *ʿᵒnî* («Elend»/«Leiden»/«Erniedrigung»/«Bedrückung») ist ein Wort, das in den Psalmen häufig vorkommt (z. B. Ps 9,14), ausserdem in der Weisheitsliteratur (z. B. Hiob 10,15), aber auch in Erzähltexten (Gen 16,11). Die Not wird an anderen Stellen mit Gott in Verbindung gebracht: Gott kümmert sich um die Menschen und befreit sie aus der Not, Gott sieht das Elend der Israeliten in Ägypten (Ex 3,7.17). «Verfolger» und «Bedrängnisse» *(meṣarîm)* werden nicht mit konkreten Namen genannt, aber mit einem vielfältigen sprachlichen Repertoire von Beengung, Einschränkung und Verfolgung geschildert. Dass die Babylonier nie erwähnt werden, macht den Text zu verschiedenen Zeiten lesbar.

4 Mit den «Wegen nach Zion» klingen frühere Festfreude und eine bessere Vergangenheit an. Wallfahrtsfeste zum ersten Tempel kommen in den älteren Gesetzeskorpora mit der Aufforderung vor, dass alle zu den Erntefesten – Mazzotfest, Wochenfest, Laubhüttenfest (Ex 23,14.17; 34,23.24; Dtn 16,16) – nach Jerusalem kommen sollen. Hier begegnet zum ersten Mal in den Klageliedern der Name Zion. Dabei klingt der Gottesberg an, Zion kann aber auch für die ganze Stadt Jerusalem stehen. Neben den Wegen der Stadt (oder in die Stadt) sind auch die Tore der Stadt personifiziert: Sie sollen die Stadt beschützen, sind aber jetzt «verwüstet»/«schreckstarr» *(šômᵉmîn).* Die hebräische Wurzel *šmm,* mit der die Verwüstung in Bezug auf die Tore ausgedrückt wird, ist dieselbe wie in V. 13 und 16, wo es von der personifizierten Stadtfrau beziehungsweise von ihren Kindern heisst, dass sie «entsetzlich zugerichtet» sind (ZB). Sie kann sich also sowohl auf Orte als auch auf Personen beziehen und schillert in ihrem Bedeutungsspektrum zwischen «verwüstet», «schreckstarr», «entsetzt», «verödet», «einsam» bis zu «entsetzlich zugerichtet», ausgelöst durch Gewalt, – wobei hier auch Vergewaltigung anklingt.

V. 4 wird von den Worten «Trauer» und «Bitterkeit» gerahmt, denn auf die Trauer folgt die Leere, dann Seufzen und Kummer und schliesslich die Bitterkeit, die wahrscheinlich mit der Erkenntnis einhergeht, dass sich die Strassen auch nicht mehr füllen werden. Das «Seufzen» und «Stöhnen» (*ʾnḥ* ni.), sonst ein seltenes Verb, hat in Klgl 1 Leitwortfunktion, jeweils mit unterschiedlichen Subjekten: V. 4 Priester, V. 8 Zion, V. 11 ihre Bewohner, V. 21–22 «ich» / Jerusalem selbst. Trauer, Kummer und Bitterkeit sind nicht nur innere Gefühle, sondern sie werden durch Seufzen und Stöhnen hörbar zum Ausdruck gebracht. Gezeichnet wird das Bild einer menschenverlassenen Stadt, in der sich aber noch Priester und Jungfrauen befinden. Auch das sprechende Ich scheint sich in der Stadt aufzuhalten.

5 Die erste Erwähnung von JHWH in Klgl 1 wird durch die – als übermächtig erfahrenen – «Gegner» gerahmt. Die konkreten Feinde, die Babylonier, werden nicht namentlich genannt, sondern mit den allgemeinen Begriffen «Gegner» («Bedränger», «Feinde»; *ṣar*) und «Feinde» *(ʾoyeb).* Die Kernaussage steht in der Mitte des Verses, wo es heisst, dass JHWH «in Kummer gestürzt», «betrübt» oder «geplagt», «gepeinigt» (*ygh* hi.) hat. Darin könnte anklingen, dass JHWH zuerst selbst betrübt war und dann in Folge auch die Stadt in Kummer gestürzt oder gepeinigt hat. Nicht die Feinde Jerusalems sind in letzter Konsequenz verantwortlich für die entstandene Katastrophe, sondern JHWH gilt als Urheber der Zerstörung. Damit soll JHWH als allmächtiger, starker Gott gezeichnet werden, der sogar die Feinde in der Hand hat.

Als Grund für Kummer und Pein werden die «vielen Vergehen» der Stadtbevölkerung angegeben: *pešaʿ* («Vergehen», «Verbrechen») ist ein Ausdruck für gerichtlich zu ahndende Verbrechen, ursprünglich in rechtlichen Zusammenhängen (z. B. Ex 22,8), in exilisch-nachexilischen Kontexten auch im kultischen Bereich. In der Vorstellung, dass die Verfehlungen der Menschen zum Exil geführt haben, liegt deuteronomistisches

Denken. Eine Auswirkung dieser Katastrophe ist, dass sogar «die Jüngsten» oder «Kleinkinder» von den Feinden gefangen genommen werden. Auf assyrischen Reliefs ist zu sehen, dass sie nicht allein, sondern mit ihren Familien deportiert werden. Damit, dass sie extra erwähnt werden, wird an das Mitleid der Hörenden und Lesenden appelliert.

6 Jung ist auch die «Tochter Zion». Dieser Titel lässt Aspekte der exilischen Metaphorik von Jerusalem als schutzloser Tochter anklingen. Gleichzeitig erweckt er Assoziationen von Schönheit, Freude und Erhabenheit der von Gott prächtig hervorgehobenen und geschützten Stadt (*hadār;* «Pracht»), die auch in nachexilischer Heilsprophetie begegnet (Zef 3,14; Sach 2,14; 9,9).

In V. 6 werden die «Fürsten», die scheinbar das Kostbarste, der Schmuck der Stadt waren, mit «Hirschen» (oder «Widdern»: *ʾayyāl*) verglichen. Im Hintergrund dieses Sprachbildes könnte das akkadische Wort *lulîmu* stehen, das sowohl «Fürst» als auch «Hirsch» heisst. Widder und Hirsch sind Symbole für Vitalität (Gen 49,21; Ps 18,34; 42,2; Hld 2,17) und können als Bilder für Mächtige und Gewalthaber verstanden werden. Darstellungen von äsenden Hirschen als Symbol für die Oberschicht finden sich auf Namenssiegeln (z. B. aus Lachisch). Vielleicht wird hier auf die Exilierung der Oberschicht Bezug genommen: auf die Obersten, die mit König Zidkija kurz vor der Eroberung der Stadt geflohen sind (2Kön 25,5; Jer 39,4; 52,8).

7 Die gegenwärtige Not wird wie in V. 3 als umfassendes Elend *(ʿănî)* beschrieben, und zusätzlich noch als «Heimatlosigkeit» (*mrd;* auch «Umherirren» oder «Ruhelosigkeit»). In der schwierigen Situation von umfassendem Elend und Heimatlosigkeit wird die personifizierte Stadt als eine dargestellt, die sich an bessere Zeiten erinnert. In ihren «Kostbarkeiten» (oder «Schätzen»/«Köstlichkeiten; *maḥmûdæhā)* klingen, anknüpfend an die «Pracht» aus V. 6, die Tempelschätze an (2Kön 25,13–17; 2Chr 26,19), gleichzeitig auch das «Begehrenswerte» *(ḥmd)* der Stadt als Frau.

Nach der Lesart des Masoretischen Textes ist es in V. 7 die Stadt Jerusalem, die sich erinnert. Das kollektive Gedächtnis kristallisiert sich in der personifizierten Stadt. Über die Erinnerung wird kollektive Identität hergestellt. Die Erinnerung an das Gute in der Vergangenheit, das Schema Einst und Jetzt, in diesem Fall die «Kostbarkeiten aus den Tagen vor der Zeit», ist ein typisches Merkmal der Totenklage. Umschrieben wird ein Erinnerungs- und Klagevorgang zur Bewältigung der Katastrophe. Es ist davon auszugehen, dass eine Versprachlichung des Traumas nicht sofort möglich ist, aber unmittelbare Betroffenheit ist noch zu spüren.

Ein anderer Sinnzusammenhang findet sich auf einem Textfragment, das in einer Höhle in Qumran gefunden wurde (4QLam). Es ist erheblich kürzer und beginnt mit einem Appell an JHWH: «Gedenke, JHWH!».[38] Dann wird dieser Abschnitt zum Hilferuf an Gott, die Aufgabe der Erinnerung würde an Gott übertragen. Die Form des Imperativs hat eine Parallele zur Aufforderung an Gott in Klgl 1,9.11.20, hinzusehen. Ausserdem liegt in dieser Variante eine inhaltliche Parallele zum Gebot in Dtn 5,15, am wiederkehrenden Sabbat den Exodus als Befreiung aus der Not zu erinnern. Der Vers soll dann eine Gegenbewegung zu Klgl 2,6 einleiten, wonach Gott Sabbat und Feste vergessen macht.

V. 7 nennt erneut die «Gegner» aus V. 5, die zufrieden sind (V. 5) und lachen (V. 7), und in deren Angesicht es niemanden gibt, der hilft, wie bereits V. 2 in Hinblick auf die

38 So z. B. Koenen, Klagelieder, 6–8.52–54.

Freunde anmerkt. Der Grund des höhnischen Lachens der Feinde, «dass es zu Ende war mit ihr», wird im Hebräischen mit einem einzigen Nomen ausgedrückt: *mišbatæhā* («ihr Ende / ihre Ruhezeit»); dieses Wort enthält die Konsonanten *šbt,* lässt also die «Sabbatruhe» anklingen. Sowohl diese Formulierung als auch «wie es mit ihr enden könnte» (ebenfalls ein Nomen im Hebräischen: *ʾaḥarîtāh* «ihre Zukunft» / «das nach ihr Kommende») in V. 9 tragen dazu bei, die Vorstellung vom totalen Untergang Jerusalems und vom leeren Land zu prägen. Es besteht heute Konsens darüber, dass diese Sichtweise nicht unbedingt die historische Realität widerspiegelt, dass vielmehr im 6. Jh. v. Chr. auch in der Situation des Exils ein Teil der judäischen Bevölkerung im Land geblieben ist. Das Bild vom grossen Einschnitt, vom Katastrophenszenario, das wir hier in Klgl 1 und in anderen biblischen Darstellungen vom Exil finden (2Kön 24–25; Jer 39; 51; 2Chr 36,17–21), lässt sich nur zum Teil durch archäologische Untersuchungen bestätigen. Hier gilt das 6. Jh. v. Chr. als Übergangszeit zwischen der Eisenzeit und der Perserzeit. Die in den biblischen Texten gezeichnete Vorstellung vom «leeren Land» ist wohl eher als Mythos einzuordnen, mit dem die Ausweglosigkeit der Lage illustriert wird.

8 In V. 8–10 wird – personifiziert in der Stadtfrau – die Tempelzerstörung als Schändung und Profanisierung des heiligen Raumes beschrieben, verursacht durch das Fehlverhalten Jerusalems. «Schwer hat Jerusalem gesündigt» *(ḥeṭʾ ḥāṭᵉʾāh).* Der Begriff *ḥṭʾ* ist ein Oberbegriff für Sünde und qualifiziert eine nicht näher beschriebene Tat als Vergehen und Zielverfehlung. Es geht um Verletzungen des Gemeinschaftsverhältnisses, Vergehen gegen Mitmenschen oder – häufiger – gegen Gott. Worin genau die Sünde Jerusalems besteht, wird nicht gesagt. Aber sie ist die Begründung dafür, dass die Stadt zum «Gespött» geworden ist und von ihren früheren Verehrern verachtet wird. Das Sehen der «Blösse» («Scham»), das Blossstellen der Genitalien weckt Assoziationen von Vergewaltigung als Nebenerscheinung von Kriegen. Es lässt auch an das Vorführen von nackten Kriegsgefangenen denken (Mi 1,8; Hos 2,5.11). In jedem Fall geht es um Beschämung, einen Akt tiefer Demütigung, Statusminderung und Ehrverletzung (Gen 9,21–25). Wie die Priester in V. 4 seufzen, so seufzt nun die Stadt. Ihre Körperhaltung – sie «hat sich abgewendet» – deutet auf einen körperlichen, vielleicht auch rituellen Ausdruck der Klage hin.

9 Hier wird mit dem Stichwort «unrein» *ṭmʾ* priesterliche Reinheitsterminologie eingespielt. Die rituell-kultische Unreinheit, ein vorübergehender Zustand, der nicht mit dem Heiligen vereinbar ist, ist die ursprüngliche Bedeutung der Wurzel *ṭmʾ*. Rituelle Unreinheit, Kultunfähigkeit *(ṭmʾ)* ist ein unvermeidlicher, temporärer Zustand, der nichts mit Hygiene oder Schmutz und auch nichts mit moralischen Verfehlungen, mit Sünde, zu tun hat. Rituelle Unreinheit entsteht durch verschiedene natürliche körperliche Vorgänge: Geburt (Lev 12,7), Aussatz (Lev 13; 14; 22,4), geschlechtliche Ausflüsse (Lev 15; 22,4); Berührung oder Essen unreiner Tiere (Lev 11,32; 17,15); Nähe oder Berühren von Leichen (Lev 21,1–4; 22,4). Sie ist vorübergehend, wird durch Berührung weitergegeben und kann durch Waschen und Abwarten beendet werden. Dass die Unreinheit hier sehr konkret lokalisiert wird – «an ihren Säumen», d. h. am unteren Teil ihres Gewandes, unterhalb der Gürtellinie (vgl. Jer 13,26; Nah 3,5) – ruft Assoziationen von Strassenstaub oder Spuren von Vergewaltigung hervor. V. 8–9 schillern zwischen kultischer und moralischer Unreinheit: «Verfehlung»/«Sünde» *(ḥeṭʾ)* in V. 8 hat moralische Konnotation, auch das «Gespött» und die «Verachtung» *(zll)* gehören in den Bereich sozialer Wertungen. Die Aussagen zu Unreinheit erwecken den Eindruck, dass die Klagelieder mit priesterschriftlichen Konzepten (Unreinheit als Kultunfähigkeit) und deuteronomistischen Vorstellungen (moralischer Bewertung) vertraut sind.

Die Worte «niemand ist da, der sie tröstet» weisen auf V. 2 zurück, wo von den treulosen Freunden gesprochen wird, welche die Weinende nicht trösten. Wie bereits bei V. 8 angemerkt, hat eine Statusverschiebung zwischen den Feinden und der Stadt stattgefunden: War diese früher «die Grosse», welche begehrt wurde, sind es nun ihre Feinde, die sich gross gebärden, während sie «entsetzlich heruntergekommen» ist. V. 9 ist wie V. 11 ein Appell der Stadtfrau, eine direkte Rede an JHWH, die in die Rede über sie eingeflochten ist. Mit diesen Gebetsrufen wird JHWH eindringlich aufgefordert, hinzuschauen und sich der Stadt wieder zuzuwenden.

10 Im Rückblick werden in V. 10 Tempelzerstörung und -plünderung in poetischer Sprache dargestellt. Wie bereits V. 8 und 9 hat auch V. 10 sexuelle Konnotationen: Die «Hand» *(yād),* die die Feinde nach den «Kostbarkeiten» *(maḥamudîm)* oder allem «Begehrenswerten» der Stadtfrau ausstrecken, kann auch «Penis» bedeuten (vgl. Jes 57,8.10). Der Vers lässt sich also auch in Richtung Vergewaltigung deuten, einer häufigen Begleiterscheinung von Eroberungen. In V. 10 werden die Kostbarkeiten von V. 7 wieder aufgegriffen, sowie die Feinde aus V. 5 und 7. Der Vers kann so gedeutet werden, dass sich die ehemals «Grosse» endgültig den Verehrern, die sie früher anhand ihrer Stärke fernhalten konnte, ausgeliefert sieht, da der Schutz Gottes diese nicht mehr davon abhält, das Heiligtum zu betreten. Mit der Rede vom «Heiligtum» *(miqdāš),* in das «andere Nationen» kommen, wird hier explizit der Tempel erwähnt. Während sonst vom Heiligtum Gottes die Rede ist (z. B. Klgl 2,7.20), wird es nur hier als Heiligtum Jerusalems bezeichnet. Mit dem göttlichen Verbot, nicht in die Versammlung Gottes zu kommen, wird das Gemeindegesetz, das sich in Dtn 23,4–7 auf die Ammoniter und Moabiter bezieht, zitiert und auf die aktuelle Situation der Bedrohung durch die Babylonier angewendet.

11 Eine weitere Facette der Situation derer, die in der Stadt Jerusalem zurückgeblieben sind, ist eine schreckliche Hungersnot – eine Not, die in den Klageliedern häufig genannt wird (1,19; 2,11–12.19–20; 4,4–5.9–10; 5,10): Das ganze Volk sucht Brot, bittet oder bettelt um Brot. Die Menschen haben ihre Kostbarkeiten, ihre Schätze für Essen hergegeben. In Klgl 1 kommt dreimal (V. 11.16.19) die Wendung *hešîb næpæš* vor: Das «Zurückführen»/«Regenerieren» oder «Wiederherstellen» der «Seele» lässt sich in seiner Vieldeutigkeit schwer im Deutschen wiedergeben: «das Leben / die Seele / die Vitalität zurückführen», «um am Leben zu bleiben», «Leben retten» oder «wieder zu Kräften kommen» (ZB). Die *næpæš* ist in den Klageliedern meistens sehr existenziell im Blick. Es geht um das Überleben, die Vitalität und Lebenskraft ist vom Tod bedroht. Die Menschen, die in der Stadt zurückgeblieben sind, haben Hunger. Die Darstellungen von existenzieller Not und Hunger stehen im Widerspruch zu Texten wie Jer 39–40, die einen hoffnungsvollen Neuanfang vermitteln wollen. Eine mögliche Erklärung könnte sein, dass in der Zeit unmittelbar nach der Zerstörung Jerusalems – und wohl auch schon während der vorangegangenen Belagerung – die Versorgungslage in der Stadt offensichtlich schlechter war als in ländlichen Gegenden und schlechter als zu späteren Zeiten.

Durch die völlige Niederlage (V. 10) angesichts der früheren Verehrer, die sich zu Bedrängern wandeln, seufzt nun, wie zuvor die Priester (V. 4) und die Stadt selbst (V. 8), das ganze Volk in seiner Not. Die Kostbarkeiten können nicht mehr bewahrt werden, sondern sie werden gegen Überlebensnotwendiges eingetauscht. Dieser Umstand ist wichtig, denn das Überleben, der Erhalt des Lebens bzw. der Seele in einer Situation der Not hat oberste Priorität. Der Ausruf der Stadt «Sieh, JHWH, und schau doch!» in V. 11 ist wie V. 9 ein Hilferuf an JHWH, sich der Stadt zuzuwenden und einzugreifen. Die Stadt bezeichnet sich selbst als «verachtet», denn ihre Stimme, ihre frühere Stärke, welche die Feinde abhielt und schlussendlich doch nicht ausreichte, zählt nicht mehr.

V. 12–22 Klage der Stadtfrau Jerusalem

Im zweiten Teil von Klgl 1, V. 12–22, spricht Jerusalem selbst in erster Person. Nach den Zwischenrufen der Stadtfrau in V. 9 und 11, die zu diesem zweiten Teil überleiten, kommt die Tochter Zion im zweiten Teil des Liedes selbst zu Wort. Angesprochen werden in V. 12 «alle, die ihr vorüberzieht auf dem Weg» und in V. 18 «all ihr Völker». In diese Rede Jerusalems ist in V. 17–18 eine Rede über die Stadt eingeflochten. In V. 20–22 mündet das Lied Jerusalems in ein Gebet zu Gott, wieder eingeleitet mit dem Appell «Sieh, JHWH!»

12 Nach V. 12–15 wird das Katastrophenszenario dadurch besonders drastisch, dass Gott Verursacher des Schmerzes ist und wie ein Feind handelt. Nach dem Vorbild der altorientalischen Stadtuntergangsklagen wird Gott für die Zerstörung der Stadt verantwortlich gemacht: Das Motiv vom «Tag JHWHs» *(yôm yhwh),* einem Gerichtstag, findet sich 16x in der Hebräischen Bibel, es ist vor allem in prophetischer Tradition verbreitet: z. B. Am 5,18–20; Jes 13,6.9. In Klgl 1,12 wird er als «Tag seines glühenden Zorns» (wörtlich: «Tag des Zorns seiner Nase») bezeichnet. Der Zorn hat seinen körperlichen Sitz in der wutschnaubenden Nase.

Mit dem Neueinsatz in V. 12 wendet sich die personifizierte Stadtfrau direkt an all jene, die «ihr vorüberzieht auf dem Weg»: Damit könnten hier wörtlich diejenigen gemeint sein, die wirklich an Jerusalem vorbeiziehen, wie z. B. Händler, Beduinen, Reisende, oder aber ein Leser oder eine Hörerin dieser Klage, die nichts von dem Leid Jerusalems wissen. Die realen oder vorgestellten Hörenden oder Lesenden werden zu Wahrnehmenden. Sie werden durch die Worte «Schaut her und seht, ob es einen Schmerz gibt wie den Schmerz, der mir zugefügt worden ist», dazu aufgefordert, sich die ganze Klage bzw. die gesamte Schilderung der Ereignisse aus der Sicht der Stadt anzuhören. Während an anderen Stellen (V. 14.18.20.22) über Schuldfragen nachgedacht wird, ist in V. 12 von umfassendem Schmerz, Kummer und Erleiden des Zornes Gottes die Rede.

13 In V. 13 wird das dramatische Handeln Gottes in drei Wortfeldern geschildert:

1. Das aus den altorientalischen Stadtklagen bekannte Motiv vom Feuer impliziert konkrete Brandstiftung und Zerstörung der Stadt, aber auch – auf der körperlichen Ebene – Fieberhitze sowie eine Anspielung auf den Tag JHWHs. Die Zerstörung trifft die Stadtfrau Jerusalem in ihrem ganzen Körper. In diesem Vers sind die «Gebeine» und die «Füsse» als Körperteile der Stadt genannt.

2. Das Sprachbild vom Netz gehört zur Jagdmetaphorik. Es wird in den Klagepsalmen häufig im Zusammenhang mit Nachstellungen der Feinde verwendet (Ps 9,16; 25,15).

3. Bilder für umfassende Zerstörung: «Zurückdrängen» und «entsetzlich zurichten» (siehe zu «Verwüstung», *šômemāh,* V. 4). Hier kann auch der Aspekt von Vergewaltigung anklingen. Die Situation macht umfassend krank (*dwh* – ein Begriff für einen «instabilen Zustand»; vgl. Lev 12,1; 15,33).

14 Das landwirtschaftliche Bild vom Joch *(ʿol),* das sonst auf Rindern befestigt wird, dient dazu, die Schwere des Schicksals Jerusalems zu illustrieren. Das Joch ist ein in der Hebräischen Bibel weit verbreitetes Bild für Last, Abhängigkeit und Fremdherrschaft (vgl. Lev 26,13; Jes 9,3; Jer 27–28; Ez 34,27). Näher qualifiziert wird es hier als «Joch meiner Vergehen», womit ein Zusammenhang zwischen menschlichem Fehlverhalten und seinen Konsequenzen hergestellt wird. Hier klingt der sogenannte Tat-Folge- oder Tun-Ergehen-Zusammenhang an: die Menschen der Stadt haben gesündigt und JHWH bestraft deshalb die personifizierte Stadt (und dadurch die Menschen) für ihre Vergehen. Weiter wird in V. 14 verdeutlicht, was bereits in V. 10 angesprochen wurde, nämlich, dass die frühere Stärke der Stadt nicht ausreichte, die Feinde fernzuhalten, (weil Gott sich abgewandt hatte), weshalb die Stadt nun in die Hände eben dieser Feinde übergeben wird (V. 10).

15 Mit drei Verben werden hier aggressive Handlungen Gottes beschrieben (zweimal als Adonai/«Herr» bezeichnet): Er hat alle «Starken» – Mächtige, Machthaber (vgl. 1Sam 21,8) – wehrlos gemacht. Wie in V. 15 deutlich gezeigt, hat die Stadt keine Stärke mehr, mit der sie sich zur Wehr setzen könnte, und genauso wird sie in V. 16 von den Starken der Stadt verlassen. In der Formulierung «in meiner Mitte» klingt die Körperlichkeit der Stadtfrau an, weil *qæræb* auch das Innere, die Eingeweide, die Körpermitte bezeichnen kann.

Die Niederlage der Stadt wird in V. 15 durch das Fest ihrer Feinde unterstrichen, durch welches sie noch mehr erniedrigt werden soll. Während die von JHWH einberufene «Festversammlung» oder «Festzeit» *(moʿed)* in Klgl 1,4 zumindest in der Erinnerung noch eine positive Bedeutung trägt, wird sie hier zum gegnerischen Fest verkehrt. Wandten sich bereits Gruppen der Bevölkerung von der Stadt ab, so werden während dieses Festes nun auch noch die jungen Männer (*baḥûrîm,* auch: «die Erwählten») in ihr verdorben bzw. sogar «gebrochen». Gesteigert wird das gegnerische Fest durch das Bild vom Treten der Kelter durch Adonai: JHWH wird selbst zum Weinbauer. Indem die «Jungfrau Tochter Juda» zur getretenen Kelter wird, entsteht ein brutales Bild von Vergewaltigung und Vernichtung, in dem Gott zum Täter wird. Die Weintrauben, die in der Weinkelter getreten werden, sind in der Regel rot, ihr Saft kann als «Blut der Trauben» bezeichnet werden (vgl. Gen 49,11). Das Bild von Gott, der die Kelter tritt, steht hier für ein grausames Blutbad (vgl. Jes 63,1–6). Die Assoziation mit Überfluss und Freude über den Ertrag der Weinlese (vgl. Jos 4,13; Jes 16,10; 48,33) ist in ihr Gegenteil verkehrt.

16 V. 16 greift das Bild der intensiv Weinenden von V. 2 auf, die keinen Tröster hat. Fern ist, «wer trösten könnte» und die Stadt «wieder zu Kräften brächte»: Die Klage kann sich sowohl auf Gottesferne beziehen als auch auf das Fehlen eines Menschen, der fähig wäre zu Trost und umfassender Regenerierung (*mešîb næpæš,* «einer, der die Seele zurückführt»). *Næpæš* deckt ein grosses Bedeutungsspektrum ab: Seele, Leben, Vitalität, der ganze Mensch, das von konkreten, existenziellen Gefahren wie Hunger und Mord bedrohte Leben genauso wie die Emotionen der klagenden Seele, die keinen Tröster findet. Auch eine Veranlassung zur «Umkehr» (Klgl 5,21) könnte in *mešîb næpæš* anklingen. Im Midrasch (EkhaR 1,16) ist «Tröster» einer der Namen des kommenden Messias. Von Gefangenschaft und Tod sind besonders die Jüngsten betroffen. «Entsetzlich zugerichtet», «verwüstet» oder «schreckstarr» *(šômᵉmîn)* sind die Kinder genauso wie die Tore der Stadt (V. 4) bzw. das personifizierte Jerusalem (V. 13). Die Leblosigkeit der Stadt resultiert aus der Zerrissenheit der Stadt(bevölkerung): Ein Teil der Bewohnerinnen und Bewohner ist im Exil (Juda in V. 3), ein Teil in der Stadt gefangen (V. 13).

17 Eine Stimme unterbricht hier die Rede Jerusalems und redet über die Stadt, die mit Zion gleichgesetzt wird, in 3. Person. Die personifizierte Stadtfrau streckt ihre Hände aus, wird also wieder in ihrer Körperlichkeit sichtbar: Das Erheben der Hände ist eine in der Hebräischen Bibel und im Alten Orient weit verbreitete Gebetsgeste (vgl. z. B. Klgl 3,41; Ps 28,2). Die Hände sollen die Verbindung zwischen Mensch und Gott herstellen. Refrainartig wird wiederholt, dass die Stadt keinen «Tröster» hat (V. 17). Gott wird – wie in den Klagepsalmen (z. B. Ps 22) – in der Katastrophe als fern und abwesend erlebt. JHWH befiehlt den Gegnern, gegen Jakob, der biblisch betrachtet mit Israel gleichzusetzen ist, zu ziehen. Steht Jakob hier für das Land Israel, so stellt sich Gott gegen ihn, weil Jerusalem als sein Zentrum, sein Herz, durch die Vergehen der Menschen korrupt und die Stadt selbst krank geworden ist. Die erkrankte Stadt Jerusalem, die das Herz Israels und dadurch auch Jakobs bildet, entzweit Gott und Jakob. Die Stadt ist «unrein» geworden: *niddāh* kann entweder als «unrein» übersetzt werden oder als «eine Menstruierende» (vgl. Lev 12,2.5; 15,19–24). Rituelle Unreinheit ist – wie andere Arten von Ausflüssen – ein vorübergehender, unvermeidlicher Zustand der Kultunfähigkeit, der durch Reinigungsriten beendet wird. Die menstruierende Frau ist rituell, aber nicht moralisch unrein, d. h. vorübergehend «kultunfähig».[39] Die rituelle Unreinheit einer menstruierenden Frau (vgl. Lev 18,19) dient hier als Metapher für die Situation Jerusalems.

18 V. 18 kehrt wieder zur Rede der Stadtfrau zurück. Im ersten Teil des Verses wird ein theologisch zentraler Gedanke der Klagelieder formuliert: der Kontrast zwischen dem Festhalten an der Gerechtigkeit *(ṣdq)* Gottes und der Einsicht in menschliche «Widerspenstigkeit» *(mrh)*. Die Wendung «widerspenstig sein gegen den Mund» *(mrh ph)* ist vielfach in deuteronomistischer Tradition belegt (z. B. Num 20,24; Dtn 1,16.43; 9,23). Sie bezieht sich meistens auf den Mund JHWHs, der für das «Wort» Gottes in umfassendem Sinn, für den Willen Gottes, stehen kann. Menschen, die an der Frage verzweifeln, wie Gott die Zerstörung der Stadt zulassen konnte, werden dazu ermutigt, an der Gerechtigkeit Gottes festzuhalten: Gott ist und bleibt gerecht. Das Unrecht soll im widerspenstigen Verhalten der Stadt gesucht werden. Der zweite Teil des Verses ist ein doppelter Aufmerksamkeitsruf – «hört!» und «seht!» –, ein Appell an die Völker – ähnlich wie «die Vorübergehenden» in V. 12 oder «alle Welt» –, den Schmerz Jerusalems auf umfassende Weise wahrzunehmen. Der letzte Teil von V. 18 beschreibt, dass junge Frauen und Männer in Gefangenschaft geführt wurden und leitet in seiner Schilderung konkreter Vorgänge zum nächsten Vers über. Von den «jungen Männern» und «Jungfrauen», die bereits in V. 15 als Kriegsbeute am Fest der Feinde teilnehmen mussten, wird nun gesagt, dass sie als Gefangene aus der Stadt fortgeführt wurden. Der Schmerz ist besonders gross, weil mit der Deportation der jungen, geschlechtsreifen Generation auch die nächste Generation fehlen wird.

19 Mit dem Ruf nach denen, «die mich geliebt haben», wird wieder der Gegensatz zwischen Einst und Jetzt angesprochen. Wie die früheren «Freunde» (V. 2) wird die Stadt von ihren «Liebhabern», also vermutlich von allen, die auf irgendeine Weise von ihr profitierten oder sich durch sie profilierten, im Stich gelassen (V. 19). Mit der Er-

39 Z. B. Erbele-Küster, Körper, 19.

innerung an ehemalige «Liebhaber» wird auf ehemalige Verbündete (vgl. Ez 23,5.9.22) oder auf fremde Götter (vgl. Ez 16,7.9.12.14.15) angespielt. Nach der Deportation der jungen Leute wird der Tod der Priester und Ältesten in der Stadt beklagt, die besonders von Hungersnot betroffen sind. Es bleibt eine Leerstelle, die nicht explizit ausgesprochen wird, aber die Suche nach Nahrung, «um wieder zu Kräften zu kommen» (ein drittes Mal eine Form von *šwb næpæš* (hi.), «das Leben zurückzubringen», vgl. V. 11.16) ist erfolglos geblieben. V. 18–19 ist eine Steigerung von V. 4: Während nach V. 4 Priester und Jungfrauen betrübt bei den Stadttoren stehen, sind nun auch die jungen Frauen und Männer in Gefangenschaft, die Priester und Ältesten umgekommen – wohl durch Hunger. Dieses Bild verstärkt den Mythos vom leeren Land.

20–22 Höhepunkt des ersten Klageliedes ist ein Gebet der Stadtfrau Jerusalem zu JHWH, dem Adressaten der Klage. Wie in den Klagepsalmen wird Gott zwar einerseits für die menschliche Not verantwortlich gemacht, aber andererseits angerufen und um Hilfe gebeten. JHWH wird dreimal, fast refrainartig, zum Hinschauen aufgefordert (Klgl 1,9.11.20), «Sehen» *(rʾh)* ist ein Leitwort im Text. Das erhoffte Sehen Gottes steht im Gegensatz zum Sehen der Feinde (V. 7), die die Blösse Jerusalems gesehen haben (V. 8). Im Rückblick (V. 10) wird geschildert, wie Jerusalem selbst mitansehen musste, wie fremde Völker in ihr Heiligtum kommen. In V. 18 wird der Aufruf, den Schmerz Jerusalems anzusehen, an alle Völker gerichtet, bevor in V. 20 erneut der Hilferuf an JHWH ergeht, hinzusehen. Es geht um mehr als Schauen: um aktive Zuwendung. Mit den letzten drei Versen will der Text trotz aller Not zum Gebet hinführen und dazu auffordern, Gott als Adressaten des Leids anzusehen.

20 Die Not trifft Jerusalem in Mark und Bein, in ihrem ganzen Körper. In diesem Gebet der als Frau personifizierten Stadt Jerusalem werden Leid und Schmerz in ihren körperlichen und seelischen Dimensionen entfaltet. Wie in vielen individuellen Klagepsalmen (vgl. z. B. Ps 6; 102) werden gerade in der Notschilderung besonders viele Körperteile genannt, die Sitz von Emotionen, Handlungen und Beziehungen sind. Emotionen, Vorgänge im Inneren des Menschen werden drastisch geschildert. Dass Jerusalem «in Not» ist, wird im Hebräischen mit dem Begriff *ṣar* ausgedrückt, der wörtlich «Eingeschnürtsein» oder «Enge» bedeutet: diese beinhaltet sowohl räumliche Enge, Bedrängnis durch Feinde als auch ein Gefühl von Beklemmung und Angst. Das «Innere» *(meʿayîm*)* meint einerseits die Eingeweide, die inneren Organe und andererseits den Bauchraum als einen Sitz von Emotionen. Die Eingeweide sind «Seismographen des Gefühls».[40] Mit der Enge und der bildlichen Schilderung «mein Inneres steht in Flammen» wird ein sehr umfassendes Bild von Schmerz gezeichnet, in dem physische und psychische Aspekte zusammengehören. Das «Herz» *(leb)* ist im Menschenbild der Hebräischen Bibel Zentrum des Menschen in einem sehr umfassenden Sinn: Sitz des Denkens, Fühlens, Wollens und Planens. Dass sich das Herz «dreht» (*hpk* hi.; dass es «umgestürzt» oder «verkehrt» ist), ist nicht nur ein Vorgang von innerlichem Aufruhr und «Widerspenstigkeit» *(mrr),* sondern weist auch auf die Zerstörung der Stadt hin. Die Beschreibungen von körperlichen und seelischen Zuständen stehen in unmittelbarer Korrelation zu Vorgängen im Aussen: Die Bedrängnis durch die Feinde (V. 7) hat Konsequenzen im innerlich erfahrenen Zustand von Enge und Angst. Der Aufruhr im Inneren des Körpers hat seine Entsprechung im Gegensatz von «draussen» und «im Haus», bezogen auf die

40 Schroer/Staubli, Körpersymbolik, 55.

Stadt Jerusalem. «Draussen» oder «von aussen» wütet das Schwert und «beraubt» die Menschen bzw. die Stadtbevölkerung der Kinder bzw. «macht sie kinderlos» (*škl* pi.) – eine weitere Facette der Gewalt –, «im Haus» / «im Inneren» herrscht der Tod.

21 V. 21 beginnt mit dem Seufzen der Stadt, das bereits in V. 8 zu vernehmen war und sich abermals auf das Fehlen eines Trösters bezieht (vgl. V. 2.9.16.17). Die Feinde der Stadt erfreuen sich an ihrem Leid, u. a. weil sie durch ihren Fall an Macht gewinnen und diese einnehmen konnten. Ihre Freude darüber, dass Gott hinter diesen Aktionen steht, soll durch «den Tag, den du ausgerufen hast», einen angekündigten Gerichtstag (vgl. den «Tag seines glühenden Zorns» in V. 12) beendet werden. Gott wird in V. 21–22 von der leidenden Stadt selbst angerufen, Gerechtigkeit wiederherzustellen, indem die Feinde so erniedrigt werden wie sie selbst.

22 In V. 22 beschwört die Stadt Gott weiter, dass er die Bosheit der anderen Städte, die Verfehlungen ihrer Feinde auch sehen möge, um diese gerechterweise, wie sie selbst, zu strafen. Wieder werden die Seufzer der Stadt und ihr krankes Herz betont (V. 22), das wohl auch durch die Strafe Gottes nicht gesund werden wird. Die Menschen der Stadt sind «widerspenstig» gegen Gott, doch die Stadt als personifiziertes kollektives Subjekt wird für deren Sünden von Gott bestraft. Die Stadt, deren Herz krank ist, weil ihre Bewohner gesündigt haben, wird anstelle ihrer Bewohnerinnen und Bewohner geknechtet, auch wenn diese die Folgen dieser Bestrafung indirekt zu spüren bekommen. Am Schluss bleiben zahlreiche Seufzer und die Krankheit des Herzens. Das Herz bildet eine Klammer um V. 20–22: Von seiner Funktion als Ort des Denkens und Wollens ist nichts übriggeblieben. Es ist «gedreht», «umgestürzt» oder «verkehrt» (V. 20) und am Ende «krank» und «schwach.» Hier wird ein sehr umfassendes Bild von Krankheit und Schwäche gezeichnet, in dem sich physische Aspekte nicht von psychischen trennen lassen.

Anthropologische und theologische Aspekte

Klgl 1 «verdichtet» das Leiden der Bevölkerung von Jerusalem nach der Eroberung der Stadt und Zerstörung ihres Tempels 587 v. Chr., indem es komprimiert und in poetische, dichterische Sprache gebracht wird. Das «Seufzen» und «Stöhnen» (*ʾnḥ),* sonst ein seltenes Verb, das Klage und Schmerzen zum Ausdruck bringt, hat in Klgl 1 Leitwortfunktion, jeweils mit unterschiedlichen Subjekten: Priester (V. 4), Zion (V. 8), ihre Bewohnerinnen und Bewohner (V. 11), «ich» / Jerusalem selbst (V. 21–22).

Nach Klgl 1 trifft die Not die als Frau personifizierte Stadt Jerusalem in Mark und Bein, in ihrem ganzen Körper. Wie in Klagepsalmen im Psalter (z. B. Ps 6) werden in diesem Lied viele Körperteile erwähnt: Jerusalem hat Wangen (V. 2), Knochen/Gebeine und Füsse (V. 13), einen Hals (V. 14), Eingeweide/Inneres (V. 15.20), Augen (V. 16), eine Hand (V. 17), einen Bauch (V. 20), ein Herz (V. 20.22) und eine Kehle-Seele (V. 11.16.19). Die Feinde haben Kopf (V. 5) und Hand (V. 10), von Gott werden Mund (V. 17) und Hand (V. 14) erwähnt. Die Hand ist also in diesem Text der Körperteil, der Gott, Feinden und Jerusalem gemeinsam ist. Während die Hand bei Gott und den Feinden Macht symbolisiert, sind die Hände der Stadtfrau Jerusalem in einer Gebetsgeste hilfesuchend zu Gott ausgestreckt. In Klgl 1, wo Jerusalem selbst spricht und beschrieben wird, werden

Leid und Schmerz in ihrer körperlichen und seelischen Dimension entfaltet. Emotionen, Vorgänge im Inneren des Menschen werden drastisch geschildert. Der menschliche – hier vor allem der weibliche – Körper wird konkret leidend dargestellt. Gleichzeitig illustriert er die soziale, politische und theologische Dimension der Ereignisse.

In der Personifizierung Jerusalems als Frau verdichten sich personale und kollektive Identität: der einzelne Mensch ist gleichzeitig als Individuum und als Teil der Bevölkerung der Stadt im Blick. Die Abgrenzung von den Feinden (1,2.5.9.16.21) und die Erinnerung an Freunde und ehemalige Liebhaber (1,2.17.19) tragen zur Identitätsbildung in der exilisch-nachexilischen Gemeinde bei. Die Titel für Jerusalem (Fürstin, Tochter Zion, Jungfrau Tochter Juda, die Stadt usw.) haben zum Teil Überschneidungen mit den unterschiedlichen Bevölkerungsgruppen der Stadt, die genannt werden: z. B. Jungfrauen und Jungfrau Tochter Zion, Mütter, die Ältesten, Priester, Säuglinge, Kleinkinder usw. Die Bevölkerungsgruppen decken alle sozialen Schichten und Altersstufen ab.

Dieses Bild stimmt nicht mit dem Befund aus anderen Texten (Jer 39,10 und 40,7) überein, wonach nur die sozial schlecht gestellten Bevölkerungsgruppen – «die Ärmsten des Landes», «Weingärtner» und «Ackerleute» (2Kön 25,12) – im Land geblieben sind, während die Oberschicht deportiert wurde. Diese Texte spiegeln die Perspektive der nach Babylon Exilierten wider, die sich selbst als Elite verstanden haben und mit abschätzigem Blick auf die im Land Zurückgebliebenen schauen. Klgl 1 kennt diese Unterscheidung offensichtlich nicht. Die Dramatik der Katastrophe wird noch umfassender gezeichnet. Die vielfältigen Bevölkerungsgruppen erwecken den Eindruck, dass damit gezeigt werden soll, dass die gesamte Stadt von der Katastrophe der Zerstörung und Exilierung betroffen ist. Auch wenn die Notschilderungen stilisiert sind, sind konkrete, individuelle Erfahrungen in sie eingeflossen. Über die Vorstellung mehrerer konkreter Einzelschicksale wird die kollektive Not drastisch vor Augen geführt.

Dieser Schmerz und dieses Leiden werden nicht nur beschrieben, sondern vor Gott gebracht und damit zum theologischen Thema gemacht. Nicht in einer klaren Abfolge, aber in einzelnen Facetten gibt Klgl 1 einen Gebetsprozess wieder:

– Gott wird wie in den Stadtuntergangsklagen für die Zerstörung der Stadt mitverantwortlich gemacht. JHWH ähnelt z. B. Enlil, der sich gegen eine Stadtgottheit wendet, wobei es immer die Menschen sind, gegen die er sich richtet und nicht die Stadtgottheit selbst.

– Anders als in den altorientalischen Parallelen sieht Klgl 1 den Grund dafür, dass Gott vernichtend handelt, aber auch in den Vergehen, Verfehlungen, Verbrechen, in der Verantwortung der Menschen. Aus der Erkenntnis dieses Zusammenhangs resultiert die Einsicht in die Gerechtigkeit Gottes und die Sünde der Menschen als das von Gott Trennende (Klgl 1,18).

– In der Einsicht in den menschlichen Beitrag und die Gerechtigkeit Gottes gründet die Hoffnung auf seine erneute Zuwendung und Treue.

– Gott wird zum Adressaten des Notrufes (V. 9.11.20–22).

Dieses Wechselspiel aus einer Sichtweise auf Gott als Verursacher der eigenen Not, die Einsicht in die Gerechtigkeit Gottes, weil die Menschen durch ihr Verhalten dazu beigetragen haben, und das Festhalten an Gott, der aus der Not erretten kann, ist auch für die

Psalmen charakteristisch. Allerdings fehlt in Klgl 1 die tröstliche Perspektive weitgehend. Von der ehemals Völkerreichen (V. 1) bleiben am Ende nur zahlreiche Seufzer (V. 22). Das letzte Wort ist *dawwāy* («krank»), wie bereits in V. 13.

Auch wenn der Text wenig Trost zu bieten hat – «es gibt [...] keinen, der tröstet» (*ʾēyn menaḥem*; V. 2) – liegt zumindest im Aussprechen der Not vielleicht ein erster Schritt. «Jerusalem erinnert sich» (V. 7) – das Stichwort *zkr* kommt in diesem Zusammenhang öfter vor. Es umschreibt einen individuellen und kollektiven Erinnerungs- und Klagevorgang zur Bewältigung der Katastrophe.

Das zweite Klagelied

1 *(Alef)* Ach, wie taucht in seinem Zorn der Herr[41]
ins Wolkenschwarz[42] die Tochter Zion.
Vom Himmel zur Erde gestürzt hat er
die Zierde Israels,
und des Schemels seiner Füsse hat er nicht gedacht
am Tag seines Zorns.
2 *(Bet)* Verschlungen hat der Herr – ohne Mitleid –[43]
alle Weideplätze Jakobs,
niedergerissen hat er in seiner Wut
die befestigten Städte der Tochter Juda,
er hat sie zu Boden geschleudert.
Das Königreich hat er entweiht und dessen Fürsten.
3 *(Gimel)* Abgeschlagen hat er in glühendem Zorn
jedes Horn Israels,
seine rechte Hand hat er zurückgezogen,
im Angesicht des Feindes.
Und in Jakob hat er gebrannt wie das Feuer einer Flamme,
die ringsum gefressen hat.
4 *(Dalet)* Wie ein Feind hat er seinen Bogen gespannt,
wie ein Gegner hat er sich aufgestellt mit seiner erhobenen Rechten,
und alles hat er umgebracht,
was dem Auge kostbar war.
Im Zelt der Tochter Zion
hat er seinen Zorn ausgegossen wie Feuer.
5 *(He)* Der Herr war wie ein Feind, Israel hat er verschlungen,
all ihre Paläste hat er verschlungen,
seine befestigten Städte hat er zerstört,
und in der Tochter Juda hat er
Traurigkeit und Trauer gross gemacht.
6 *(Waw)* Und seine Hütte hat er verwüstet wie einen Garten,
seine Festversammlung hat er vernichtet.
Vergessen machte JHWH in Zion Fest und Sabbat,
und in seinem wütenden Zorn hat er König und Priester verschmäht.
7 *(Sajin)* Seinen Altar hat der Herr verstossen,
sein Heiligtum hat er verworfen;
die Mauern ihrer Paläste

---

41 In vielen hebräischen Handschriften wird hier, wie in Klgl 1,14 u. a., statt des Gottestitels «Herr» *(ʾadonāy)* der Gottesname *yhwh* gelesen.

42 Das Verb *ʿwb* kommt nur hier vor. Eine mögliche Erklärung ist die Ableitung vom – häufigeren – Nomen *ʿab* («dichte Wolken» / «Gewölk»), so dass sich die Bedeutung «in Wolken(schwarz) tauchen» / «umwölken» ergibt.

43 Der Einschub ist im Hebräischen mit einem weiteren Verb formuliert: «er hat kein Mitleid». Entweder hat das «Verschlingen» hier kein Objekt, oder die «Weideplätze Jakobs» *(nᵉʾôt yaʿᵃqob)* sind Objekt für beide Verben («Verschlingen» und «Mitleid haben»), was sich im Deutschen nicht genauso wiedergeben lässt.

hat er preisgegeben der Hand des Feindes.
Im Haus JHWHs hat man gelärmt
wie am Tag des Fests.
8 *(Chet)* JHWH hat geplant,
die Mauer der Tochter Zion zu zerstören.
Er hat die Messschnur angelegt,
hat seine Hand nicht davon abgehalten, wegzureissen.
Und Heer und Mauer hat er in Trauer gestürzt,
zusammen sind sie dahingeschwunden.
9 *(Tet)* In die Erde eingesunken sind ihre Tore,
ihre Riegel hat er zerstört und zerbrochen.
Ihr König und ihre Fürsten sind unter den Nationen.
Es gibt keine Weisung!
Auch haben ihre Propheten keine Schauung empfangen von JHWH.
10 *(Yod)* Die Ältesten der Tochter Zion sitzen auf[44] der Erde, sie schweigen,
auf ihr Haupt haben sie Staub gestreut,
Trauergewänder haben sie umgürtet.
Die Jungfrauen von Jerusalem
haben ihr Haupt zur Erde gesenkt.
11 *(Kaf)* In Tränen sind meine Augen erloschen,
mein Inneres steht in Flammen,
meine Leber[45] hat sich auf die Erde ergossen
denn die Tochter meines Volks ist zusammengebrochen,
als Kind und Säugling verschmachteten
auf den Plätzen der Stadt.
12 *(Lamed)* Zu ihren Müttern sagen sie:
Wo sind Getreide und Wein?,
während sie wie Verwundete verschmachten
auf den Plätzen der Stadt,
während sich ihr Leben verflüchtigt[46]
im Schoss ihrer Mütter.
13 *(Mem)* Was soll ich dir bezeugen, womit dich vergleichen,
Tochter Jerusalem,
wem dich gleichstellen, um dich zu trösten,
Jungfrau, Tochter Zion?
Denn gewaltig wie das Meer ist dein Zusammenbruch!
Wer könnte dich heilen?
14 *(Nun)* Deine Propheten haben für dich
Lüge und Tünche geschaut.

---

44 Eine andere Übersetzungsmöglichkeit ist: «… setzen sich *zur* Erde»: Das unterstreicht – wie das Senken des Hauptes – den Akt der Bewegung nach unten, zur Erde, nicht den Zustand des Sitzens.

45 Statt *kebedî* («meine Leber») lesen hier die griechische und die syrische Übersetzung bei gleichen Konsonanten eine andere Vokalisation des hebräischen Textes: *kᵉbodî* («meine Ehre»).

46 Wörtlich: «ergiesst» (*špk,* wie die Leber in V. 11).

Deine Schuld aber haben sie nicht aufgedeckt,
so dass sie dein Geschick[47] hätten wenden können.
Und sie schauten für dich
Aussprüche, die verlogen waren und zur Verstossung führten.
15 *(Samech)* Alle, die des Wegs ziehen,
schlagen die Hände zusammen über dich,
sie zischen und schütteln ihren Kopf
über die Tochter Jerusalem:
Ist das die Stadt, von der man sagt:
Vollkommene Schönheit!
Eine Wonne für die ganze Welt!
16 *(Pe)* Alle deine Feinde haben ihr Maul aufgerissen über dich,
sie haben gezischt und mit den Zähnen geknirscht,
sie sagten: Wir haben verschlungen!
Ja, dies ist der Tag, auf den wir gehofft haben,
wir haben ihn erlebt, wir haben es gesehen!
17 *(Ajin)* JHWH hat ausgeführt, was er geplant hat,
sein Wort hat er erfüllt,
was er angeordnet hat seit den Tagen der Vorzeit:
Er hat niedergerissen, und er hatte kein Mitleid!
Und den Feind hat er sich freuen lassen über dich,
das Horn deiner Gegner hat er erhöht.
18 *(Zade)* Ihr Herz schrie zum Herrn!
Du, Mauer der Tochter Zion,
lass deine Tränen fliessen wie einen Fluss
bei Tag und in der Nacht,
gönne dir keine Ruhe,
dein Augapfel stehe nicht still.
19 *(Qof)* Auf, wimmere in der Nacht,
zu Beginn der Nachtwachen,
schütte dein Herz aus wie Wasser
vor dem Angesicht des Herrn.
Zu ihm erhebe deine Hände
um des Lebens deiner Jüngsten willen,
die vor Hunger verschmachten
an allen Strassenenden.
20 *(Resch)* Schau, JHWH, und sieh doch,
mit wem du so verfahren bist!
Sollen denn Frauen ihre Leibesfrucht essen,

47 Die Ableitung dieses Wortes ist nicht klar: entweder von *šebût* («Geschick» oder «Umkehr»; so das Qere; ZB) oder von *šebît.* («Gefangenschaft»; so das Ketiv; abgeleitet von der Wurzel *šbh* «als Kriegsgefangene fortführen»). Eine ähnliche Doppeldeutigkeit findet sich auch in unterschiedlichen Lesarten von Ps 126,1.

die gesund geborenen Jüngsten?[48]
Sollen denn Priester und Prophet umgebracht werden
im Heiligtum des Herrn?
21 *(Schin)* Auf dem Boden, auf den Strassen liegen[49] **Junge und Alte,**
meine jungen Frauen und Männer sind gefallen durch das Schwert!
Du hast sie umgebracht am Tag deiner Wut,
hast sie abgeschlachtet, ohne Mitleid!
22 *(Taw)* Wie am Festtag hast du von ringsum herbeigerufen,
wovor mir graute,
und es gab keinen Geretteten und keinen Entkommenen
am Tag des Zorns JHWHs.
Die ich gesund geboren und grossgezogen habe,
ihnen hat mein Feind ein Ende bereitet!

Literarisch-historische Einordnung

Klgl 2 gilt als das älteste Klagelied, weil es die Zerstörung Jerusalems am drastischsten schildert und sowohl die Einsicht in menschliche Verantwortung als auch jede Hoffnungsperspektive weitgehend fehlen. Es ist in der Zeit des babylonischen Exils entstanden. Die Unmittelbarkeit der Eindrücke spricht für eine Datierung bald nach der Zerstörung Jerusalems 586 v. Chr., die formale Gestaltung als alphabethisches Akrostichon und die stilisierte Rede von der «Tochter Zion» für eine Abfassung gegen Ende der Exilszeit.

Die sonst übliche Reihenfolge der Buchstaben *ʿayin* und *pe* ist in V. 16–17 – wie in Klgl 3 und 4 – vertauscht. In Alphabet-Inschriften aus Ugarit sind beide Reihenfolgen überliefert. Das deutet darauf hin, dass es offenbar Varianten in der Reihenfolge der Buchstaben des Alphabets gegeben hat.[50] Der Midrasch EchR zu Klgl 2,16 (zitiert auch bei Klgl 3,46–48) versucht, eine inhaltliche Erklärung dafür zu finden: «Alle deine Feinde haben ihr Maul aufgerissen über dich. *Pe* vor einem *ʿayin?* Weil sie mit ihrem Mund *[pe]* sagten, was ihre Augen *[ʿayin]* nicht gesehen hatten.»

Klgl 2 ist überwiegend aus der Perspektive eines Erzählers oder Sprechers gestaltet, der zuerst in V. 1–10 unpersönlich, in 3. Person, Jerusalems Leid schildert, dann in V. 11–19 in 1. Person, zum Teil mit direkter Anrede an Jerusalem. Wie Klgl 1 mündet auch Klgl 2 in V. 20–22 in ein Gebet der personifizierten Stadt zu JHWH ein. Die Zerstörung wird mit Wörtern dargestellt, deren Bedeutungen sich teilweise überlagern: V. 1–10 beschreibt viel zerstörte Architektur (Festungen, Zelt, Paläste, Hütte, Altar, Heiligtum, Mauern, Bollwerk, Tore), Adonai/JHWH stehen die Eliten gegenüber (Fürsten, König, Priester, Propheten). Mit V. 11–13 wird die familiäre Perspektive eröffnet (Mutter, Kind, Tochter), in V. 14 die der Propheten und mit V. 15–18 die der Feinde. Im Gebet werden die Bevölkerungsgruppen miteinander verbunden (V. 20: einerseits Frau und Neugeborenes,

48 V. 20 enthält ein Wortspiel mit den Konsonanten *ʿll,* die sowohl in der indirekten Frage danach, «mit wem du so verfahren bist» *(ʿôlaltā),* enthalten sind als auch im *hapax legomenon ʿolᵃlê ṭippuḥîm* («die gesund geborenen Jüngsten» [ZB] oder «Kinder der Pflege», «die gehegten und gepflegten Kleinkinder», vgl. V. 11.19).

49 Eine andere Übersetzungsmöglichkeit ist: «Auf den Boden, auf die Strassen legen sich Junge und Alte». Das unterstreicht – wie in V. 10 – den Akt der Bewegung nach unten, nicht den Zustand des Liegens.

50 Vgl. Koenen, Klagelieder, 10*–11*.

andererseits JHWH/Adonai, Heiligtum, Priester, Propheten; V. 21: einerseits Knabe, Jungfrau, junger Mann, andererseits das erbarmungslose Handeln JHWHs). Eine Sonderfunktion kommt den Versen 5.10.11.18.19 zu, die Reaktionen der Trauer und Klage beschreiben. Im ersten Abschnitt (V. 1–10) befinden sich diese emotionalen und rituellen Antworten der Stadtfrau somit in der Mitte und am Ende, im zweiten Abschnitt (V. 11–19) am Anfang und am Ende. V. 19 lässt sich als Aufruf und Überleitung zum abschliessenden Gebet (V. 20–22) lesen.

Der Stimmenwechsel zwischen den einzelnen Abschnitten hat die poetische und rhetorische Funktion, die Sprechakte zu dramatisieren und den Untergang der Stadt aus unterschiedlichen Perspektiven zu verarbeiten. In dieser Bewegung des Liedes – von einer Beobachterposition zur an Gott adressierten Rede aus der Perspektive der personifizierten Stadt – soll der emotionale Bezug zum Schicksal Jerusalems verstärkt werden. Die Zerstörung der Stadt und des Tempels, ihrer Gebäude und ihrer Institutionen sowie das Leid der Bevölkerung werden von mehreren Seiten beleuchtet.

Gattungsmässig enthält Klgl 2 neben Anklängen an Stadtuntergangsklagen Elemente eines Leichenliedes, einer Totenklage – den eröffnenden Klageruf *ʾêkāh* («Ach»), den Vergleich zwischen früherem Glanz und jetzigem Elend, die Anrede an Jerusalem mit Du – und formale Bestandteile der Klagelieder des Volkes – Klage, Anklage Gottes, Feindklage, Bitte um Zuwendung mit direkter Anrede JHWHs. Der dialogische Stil verleiht dem Lied zusätzlich den Charakter eines «Trostgespräches».[51]

Kommentar

V. 1–10 Schilderung des Leidens Jerusalems

1 V. 1 ist wie eine Überschrift über Klgl 2. Der Vers fasst das Leid Jerusalems in sprachlichen Bildern zusammen, die in den folgenden Versen weiter entfaltet werden. In V. 1–9 tritt JHWH in vielen aktiven Verben zerstörerisch handelnd auf. Die Totalität der Zerstörung wird u. a. durch wiederholtes «alle» und «jeder» in V. 2–5 ausgedrückt.

Der «Zorn» oder die «Wut» Gottes ist ein Leitwort in Klgl 2 und wird im Hebräischen mit drei Begriffen mit jeweils etwas unterschiedlichen Konnotationen ausgedrückt: *ʾap* – der «Zorn», das «Wutschnauben» (V. 1.3.6.21.22), das körperlich in der Nase (im Hebräischen synonym) verortet wird und der häufigste Ausdruck für Zorn ist; *ʿæbrāh* (V. 2) – «Zornesgrollen», «Grimm», wird näher bestimmt als «glühend» (*ḥᵒrî;* V. 3) und «wütend» (*zaʿam;* V. 6); und *ḥamāh* (V. 4) – die «Zornesglut» oder «hitzige Wut». Der Zorn Gottes wird im Lied also in poetisch-bildhafter Sprache in mehreren Variationen beschrieben. Auch in den sumerischen und akkadischen Stadtuntergangsklagen ist der göttliche Zorn ein häufiges Motiv. Er entspringt dem unbegründeten Entschluss der Gottheiten und bewirkt die Zerstörung der Städte.

Nach V. 1 taucht der Zorn Gottes die Tochter Zion in «Wolkenschwarz» oder «Wolkendunkel». Anders als die sonst positiv besetzte Gegenwart Gottes in Wetterphänomenen – vgl. die Theophanieschilderungen (Ex 19,16; Dtn 4,11; Ps 18,10.12) oder

51 A. a. O., 112.

die Vorstellung von Gott, der in der Wolken- und Feuersäule mit dem Volk mitwandert (Ex 13,21) – trägt das «Wolkenschwarz» eine negative Bedeutung. Wetterphänomene begleiten den Zorn Gottes auch an anderen Stellen (Jes 5,30; Ez 13,13). Der Tag des Zorns Gottes ist ein Gerichtstag – ein Motiv, das in der prophetischen Literatur häufig ist (vgl. z. B. Jes 2,12; Am 5,18). In Joel 2,2 wird der Tag des Gerichts als «Tag der Wolken *[ʿānān]* und des Nebels» bezeichnet.

Der Zorn Gottes entfaltet sich in einer Bewegung von oben nach unten, die die Verhältnisse in ihr Gegenteil verkehrt: Er hat die frühere «Zierde»/«Pracht» *(tipʾæræt)* Israels – den «Schmuck», der Israel besonders auszeichnet, den Tempel bzw. die Stadt Jerusalem (Ps 78,61; Jes 46,13) – «vom Himmel zur Erde gestürzt». Das Bild vom «Schemel seiner Füsse» lässt an die Feinde denken, auf die in altorientalischer Ikonografie ein Herrscher als Siegesgeste seinen Fuss setzt (Ps 110,1). Dass Gott an den «Schemel seiner Füsse» nicht denkt, lässt sich also so interpretieren, dass er Israel als Ganzes bzw. die Lade, den Tempel oder die Stadt Jerusalem (Ps 99,5; Jes 66,1) vergessen hat. Mit dem Gedenken *(zkr)* ist nicht nur Erinnerung verbunden, sondern auch Fürsorge und Zuwendung. Dass Gott nicht gedenkt, bedeutet einen radikalen Beziehungsabbruch.

In Klgl 2 kommt sechsmal die Bezeichnung «Tochter Zion» für die Stadt Jerusalem und ihre Bewohnerinnen und Bewohner vor (V. 1.4.8.10.13.18), ausserdem in V. 2.5 «Tochter Juda» und in V. 13.15 «Tochter Jerusalem». Diese Titel wecken Assoziationen von Verwandtschaft, Nähe, Schönheit und Wehrlosigkeit. Während die Tochter Zion sonst – z. B. in der Zionstheologie des Jesajabuches – positiv mit Freude und Jubel verbunden ist, wird sie in Klgl 2 mit Zerstörung, Leid und Trauer verknüpft (vgl. Jes 1,8; 51,3; 52,2; 61,3). Neben den vielen Namen für die Bevölkerung Jerusalems und Judas findet sich die Bezeichnung «Israel» nur in Klgl 2,1.3.5.

Der Gottestitel «Herr» *(ʾadonāy)* kommt 14x in den Klageliedern vor, nie in der sonst geläufigen Verbindung *ʾadonāy yhwh:* Der Gottestitel drückt die Macht Gottes aus und hat seine Wurzeln im Kult: JHWH wird als Herr des Tempels (Am 9,1) und der ganzen Welt (Ps 97,5) angesprochen.

2 In V. 2 beschreiben fünf Verben die zerstörerischen Aktivitäten Gottes: Er «verschlingt» (*blʿ;* vgl. Klgl 2,5.8), hat kein Mitleid («ohne Mitleid»), «reisst nieder», «schleudert zu Boden» und «entweiht». Mit den «Weideplätzen Jakobs» ist das agrarische Umland der Städte gemeint, inklusive bäuerlicher Siedlungen. Als literarisches Motiv ist die Zerstörung des Weidelandes belegt (z. B. Jer 25,37; Am 1,2). Historisch ist es aber unwahrscheinlich, dass die Babylonier das ganze Land, das auch für sie zur Versorgung wichtig war, zerstört haben. Sowohl Jakob (Klgl 2,2.3; vgl. Klgl 1,17) als auch Israel stehen für den Südstaat Juda. Der Name Jakob lässt (wie auch in V. 3) als eine Art Ehrentitel die Erwählungstradition anklingen. Die neubabylonische Zerstörungswelle trifft die «befestigten Städte» *(mibṣar)* im Süden des Landes: z. B. Lachisch, Arad, Azekah, die einen Schutzgürtel um Jerusalem bildeten (2Chr 11,5–10; Jer 4,5; 34,7). Die «Entweihung» *(ḥll)* von Königtum und Fürsten (höchsten Beamten) durch Gott hat einen Zusammenbruch der staatlichen Organisation zur Folge. Dass Gott selbst, Inbegriff des Heiligen, etwas entweiht, ist eine paradoxe Aussage: Nach V. 2 entweiht er «das Königreich [...] und dessen Fürsten», also Instanzen, die er selbst eingesetzt hat. In Ez 24,21 ist diese Paradoxie so weit gesteigert, dass JHWH – dort in Gottesrede formuliert – sein eigenes Heiligtum entweiht. Diese Steigerung findet sich auch im Folgenden, in Klgl 2,7.

3 Die zerstörerischen göttlichen Taten gehen weiter: JHWH handelt wie ein Krieger, aber nicht für, sondern gegen Israel. Das Horn von Tieren, vor allem von Rindern, gilt als Manifestation von Macht und Stärke. Abgeschlagen werden die Hörner des Altars (Am 3,14) und metaphorisch die Hörner von Menschen (Ps 75,11) sowie Staaten (Jer 48,25). Das Abschlagen der Hörner bedeutet das Brechen jeder Widerstandskraft. Die rechte Hand ist sonst Inbegriff der Kraft und Macht Gottes, mit der er sich für Israel einsetzt (z. B. Ex 15,6.12; Ps 44,4). Dass JHWH sie zurückzieht, überträgt dem Feind die Macht. Das kriegerische Wirken Gottes wird mit Zornesglut und Feuer verglichen (Num 11,1; 2Sam 22,9; Ps 18,9; Jer 7,20; Klgl 4,11). Das verzehrende Feuer lässt sich archäologisch als Brandschicht nachweisen. Es ist einerseits konkret ein Element der Zerstörung der Stadt bei ihrer Eroberung und steht andererseits in übertragenem Sinn für die Emotion, den Zorn Gottes.

4 Gott wird mit einem Feind verglichen, der den Bogen «spannt» (*drk,* wörtlich: «tritt») und seine rechte Hand erhebt. Vergleichbare Darstellungen von kriegerischen Gottheiten mit erhobenem rechtem Arm, mit einer Waffe in der Hand, sind auf Reliefs und Statuetten aus dem syro-palästinischen Raum erhalten. Während JHWH sonst den Bogen zerbricht (Ps 46,10) und damit für Recht und Sicherheit sorgt oder den Kriegsbogen als Zeichen des Endes der Gewalt in die Wolken hängt (Gen 9,12–17), tritt er hier selbst kämpfend und sogar tötend auf. Gott wird angeklagt. Die Frage, warum Gott so zerstörerisch handelt, wird hier nicht beantwortet.

Der Vergleich JHWHs mit einem Feind wird bereits im aramäischen Targum als anstössig empfunden und etwas abgeschwächt, indem das «wie» und «als ob» betont wird. Hier wird Nebukadnezzar als Inbegriff des Feindes ergänzt, dem JHWH hilft:

> «Er spannte seinen Bogen *und schoss Pfeile auf mich* wie ein Feind. Er stand bereit zur Rechten *Nebukadnezzars und half ihm, als ob er sein Volk, das Haus Israel, unterdrückte.* Und er tötete *jeden jungen Mann* und alles, was schön anzusehen war. Im Zelt der Versammlung von Zion schüttete er *seinen Zorn* aus wie ein brennendes Feuer.»[52]

Bei allem, «was dem Auge kostbar war / allen Augenweiden» *(kål maḥ^{a}maddê ʿayîn;* vgl. Klgl 1,7), klingt sowohl das Begehrenswerte *(ḥmd)* der als Frau personifizierten Stadt und damit der Menschen der Stadt an als auch – verstärkt durch das «Zelt» *(ʾohæl),* das häufig eine Bezeichnung für das Ladeheiligtum ist, – die Tempelschätze (vgl. Klgl 1,10.11; 2Chr 36,19). Die Kombination «Zelt der Tochter Zion» kommt nur hier vor, sonst wird für das transportable sinaitische Heiligtum die Bezeichnung «Begegnungszelt» *(ʾohæl moʿed)* verwendet (z. B. Ex 27,21; 39,32; Lev 1,1). In Ps 27,5–6 steht das «Zelt» für den Tempel, in Jer 10,20 und Hiob 19,12 ist es ein Zufluchtsort bei militärischer Bedrohung. Wie der «Schemel der Füsse» (V. 1) kann aber auch die Zeltmetapher für die ganze Stadt Jerusalem stehen (vgl. Jes 33,20). Tempel und Stadt werden als eine Einheit verstanden, beide sind zerstört.

---

52 Übersetzung MG, nach Brady, Targum, zur Stelle: «He drew his bow *and shot arrows at me* like an enemy. He stood ready at the right *of Nebuchadnezzar and aided him* as if he *were* oppressing *his people, the House of Israel.* And he killed *every young man and* everything that was beautiful to see. In the tent of the Congregation of Zion he poured out *his anger* like a burning fire.»

5 Der Vergleich JHWHs mit dem Feind wird fortgeführt, Motive aus V. 2 u. a. werden wiederholt. JHWH verschlingt Israel und seine Paläste (V. 2), zerstört die Stadt und vermehrt Trauer. Der Wechsel zwischen weiblichem und männlichem Suffix («ihre Paläste» und «seine befestigten Städte/Burgen/Festungen») zeigt die synonyme Verwendung von Jerusalem und Zion, der Stadtfrau und ihren Bewohnerinnen und Bewohnern. «Traurigkeit und Trauer» oder «Jammer über Jammer» *(taʾ^{a}niyyāh waʾ^{a}niyyāh)* findet sich in dieser Kombination nur hier und in Jes 29,2. Das doppelte, in ähnlichen Formen, also verstärkte, Nomen lässt sich vom Verb *ʾnh* («klagend trauern») ableiten und bringt eine emotionale Komponente und Reaktionen der Stadtbewohnerinnen und -bewohner in Klgl 2. Die fast litaneiartige Wiederholung der Klage mit ähnlichen Motiven dient vielleicht einem ersten Verarbeiten und Bewältigen der Katastrophe.

6 In diesem Vers wird die Zerstörung des Kultortes, der -ordnung und des -personals beschrieben. Der Gottesname JHWH wird besonders häufig erwähnt. Der Vers lässt die Frage aufkommen: Wie kann eine Verehrung JHWHs stattfinden, wenn er selbst die Zerstörung verursacht hat? Das Verb *ḥms* («verwüsten» [ZB] oder «Gewalt antun») steht in der gesamten Hebräischen Bibel nur hier mit JHWH als Subjekt, bedeutet also einen besonderen Höhepunkt der göttlichen Gewalt. Sonst wird immer wieder betont, dass JHWH «Gewalttat» *(ḥāmas)* ablehnt (Jer 22,13; Zef 1,9), Gewalttäter hasst (Ps 11,5) und aus der Gewalt der Feinde rettet (Hiob 19,7; Ps 18,49). Dass Gott «seine Hütte wie einen Garten» verwüstet hat, ist ein ungewöhnliches Bild. An anderen Stellen wird Jerusalem als Hütte Gottes bezeichnet (Ps 27,5), der Tempel als Garten Gottes (Jes 51,3). Der Text kann also so verstanden werden, dass der Kultort, der Tempel, zu einer vergänglichen «Hütte» geworden ist, die zur Erntezeit als Schattenspender gebaut und danach wieder abgerissen wird. Die vergängliche Hütte zur Erntezeit ist ein Motiv, das auch aus den mesopotamischen Stadtuntergangsklagen bekannt ist, z. B. aus der Klage um die Zerstörung von Ur:

> «Mein Haus, das ein <guter> Mann gebaut hat, hat man wie eine Gartenhütte eingerissen. [...]
> Wie ein Zelt, wie eine Hütte, die man am Ort der Ernte abgerissen hat,
> wie eine Hütte, die man am Ort der Ernte abgerissen hat, ist es Regen und Wind ausgesetzt.»[53]

Ebenso wie den Kultort hat JHWH Festversammlung, Fest und Sabbat – Beispiele für die Kultordnung oder Kultzeiten – vernichtet bzw. vergessen lassen. Dass Gott Fest und Sabbat «vergessen macht» oder «in Vergessenheit geraten lässt» (*škḥ* pi.), ist eine Fortsetzung des Nicht-Gedenkens, der fehlenden Zuwendung aus V. 1. Das lässt sich auch kontrastiv-zuspitzend verstehen: JHWH hat nicht nur die Stadt vergessen (V. 1), sondern mit den Festorten und -zeiten fehlt Israel die Grundlage seines JHWH-Gedenkens. JHWH löscht somit auch die Erinnerung an sich selbst aus. JHWH verschmäht «König und Priester»: Dass neben den Priestern als dem zuständigen Kultpersonal auch der König in diesem Zusammenhang genannt wird, ist ungewöhnlich (vgl. nur Esra 9,7). Hier klingt die Nähe von Königspalast und Tempel an, die für den vorexilischen Staatskult charakteristisch ist.

7 Der Vers bildet einen Höhepunkt der Verwerfung durch JHWH. Das Verb *znḥ* («verstossen»/«vernachlässigen») kommt sonst auch in der Klage des oder der Einzelnen (Ps 43,2) und des Volkes (Ps 44,10) vor. Aber dass Gott seinen Altar verworfen hat,

53 Sumerische und Akkadische Hymnen und Gebete (SAHG) 198, 127–128.

steht sonst nirgends in der Hebräischen Bibel. Auch der parallele Satz, dass Gott sein Heiligtum *(miqdāš)* «verworfen hat» *(nʾr),* hat keine Parallele im Alten Testament. Das Verb findet sich sonst nur noch ein einziges Mal, in Ps 89,40. Es ist die einzige Erwähnung des Altars in den Klageliedern und die einzige Stelle, wo auf das Ende des offiziellen Kultes am Tempel angespielt wird. Ein anderer Text, Jer 41,4–8, deutet darauf hin, dass auch nach der Zerstörung des Tempels noch Menschen mit pflanzlichen Opfergaben nach Jerusalem gekommen sind. Altar und Heiligtum stehen in Klgl 2,7 im Parallelismus und symbolisieren den Tempel. Mit den «Mauern ihrer Paläste» kann entweder der Königspalast gemeint sein oder befestigte Wohntürme der Stadt. Der «Lärm» *(qôl),* der hier im Tempel hörbar wird, kommt nicht von den Klängen eines Festes, sondern er geht von den Feinden aus. Nach der Vernichtung aller Feste (V. 6) kommen diese in V. 7 und 22 nur noch im Vergleich vor: «wie am Tag des Festes». Das eigene Fest bleibt so nur im «Lärm» der Feinde erinnert.

8 Hier wird der Blick auf die Stadt und ihre Mauern gelenkt. Die Zerstörung ist total. Das Anlegen der Messschnur ist von einem konstruktiven Schritt in einem Bauprozess zu einem Akt der Zerstörung geworden (vgl. auch 2Kön 21,13; Jes 34,11). «Planen» oder «Denken» *(ḥšb)* mit Gott als Subjekt erscheint sonst nur in der prophetischen Literatur und betont das Geplante der Vernichtung. Die zurückgezogene Hand konnte nicht am «Wegreissen» oder «Verschlingen» *(blʿ)* gehindert werden. Archäologisch lässt sich eine eisenzeitliche Mauer an der Ostseite des Südwesthügels Jerusalems nachweisen, aber es geht hier neben den konkreten Mauern auch um ihre metaphorische Bedeutung (vgl. Jes 3,26). In der Beschreibung, dass JHWH «Heer [oder: Wall] und Mauer in Trauer gestürzt hat», werden diese personifiziert als Bewohner der Stadt. Auch dass die Mauern «dahingeschwunden» *(ʾmll)* oder «verwelkt»/«verdorrt » sind, so wie in Jer 14,2 die Tore, wird mit einem Wort ausgedrückt, das sonst häufig auf Personen bezogen ist (vgl. 1Sam 2,5; Hos 4,3). Mit diesen Bildern wird die Schwäche der Stadt und ihrer Bewohnerinnen und Bewohner, vielleicht auch ihrer Wächter, ausgedrückt: Sind die Mauern zerstört, ist die Stadt schutzlos den Feinden ausgeliefert.

9 Die Abwärtsbewegung der Zerstörung geht weiter, vom Himmel auf die Erde und in sie hinein: Das «Einsinken» (oder «Eintauchen», *ṭbʿ)* der Tore könnte sich so erklären lassen, dass der Platz vor den Toren und Mauern der Stadt mit Sand und Erde zugeweht wird. Das würde darauf hindeuten, dass nach der Zerstörung der Stadt bereits etwas Zeit vergangen ist. Gott ist explizit Subjekt der intensiven Zerstörung: «Er» hat ihre Riegel zerstört und zerbrochen. Dadurch ist die Stadt schutzlos den Feinden ausgeliefert. Nach 2Kön 25,13 zerbrechen die babylonischen Invasoren die Kultgeräte des Tempels, hier tut das JHWH selbst. Geschildert werden Zusammenbruch und Exilierung («unter den Völkern», *gôy;* vgl. Dtn 4,27; Klgl 1,3) der Regierung, repräsentiert durch die Fürsten – Mitglieder der Königsfamilie und führende Beamte – und den König (1Kön 24,12; 2Chr 28,21). Konkrete Könige, die hier gemeint sein könnten, sind Jojachin, der mit der ersten Deportation 597 v. Chr. mit Teilen der Regierung nach Babylon geführt wurde (2Kön 24,12.15) und unter Nebukadnezzar bis zum Ende des Exils unter Hausarrest steht, oder der gescheiterte Zidkija, sein von den Neubabyloniern eingesetzter Nachfolger, deportiert 587 v. Chr. (2Kön 25,7; Jer 39,7). Die Klage ist so allgemein formuliert, dass sie auch losgelöst von einem bestimmten historischen König Sinn ergibt.

Die Feststellung, dass es «keine Weisung» (Tora) gibt, lässt sich auf unterschiedlichen Ebenen lesen: die Tora als Einzelweisung eines Gesetzes, die Tora des Mose (Dtn 33,4), Tora als grundlegende Orientierung (Jes 2,3) oder im Sinne von priesterlicher Weisung (Lev 7,7). «Schauung» *(ḥāzôn)* steht für prophetischen Offenbarungsempfang, weniger im Sinne von Zukunftsvision als von Politikberatung, die im Alten Orient eng an den Königshof angebunden ist (Jer 2,26; 8,1). Insgesamt geht es um symbolische Repräsentanz: König, Beamte, Priester und Propheten stehen für das öffentliche Leben in seiner Gesamtheit, das zusammengebrochen ist.

10 In V. 10 werden konkrete Trauerrituale geschildert, die von unterschiedlichen Gruppen (von den «Ältesten der Tochter Zion» bis zu den «Jungfrauen Jerusalems») gehalten werden: auf der Erde sitzen, «schweigen» (oder «verstummen», *dmm;* vgl. Jes 23,2), Staub/Asche auf den Kopf streuen (Jos 7,6), Trauergewänder *(śaq)* umgürten (Jes 15,3), den Kopf zur Erde neigen. In Sack und Asche zu gehen, ist ein Brauch in Zeiten individueller Trauer (Gen 37,32–35; 2Sam 3,31–32) und kollektiver Not (Jes 15,3). Klagegesten unterstreichen die Selbstminderung durch den Verlust. Die Abwärtsbewegung, die sich durch das ganze Lied zieht (V. 1.2.9.11.18.21), konkretisiert sich hier in Körperhaltungen: Die Ältesten «setzen sich zur Erde», die Jungfrauen «haben ihr Haupt zur Erde gesenkt». V. 10 beschreibt die kollektive Klage des Volkes über die Zerstörung der Stadt, die sich durch alle Bevölkerungsgruppen zieht: Alt und Jung, Männer und Frauen. Der Vers ist ein zusammenfassender Abschluss von V. 1–9, wo die totale Zerstörung der ökonomischen, politischen und religiösen Infrastruktur Jerusalems beschrieben wird.

V. 11–19 Gespräch der Erzählstimme mit der Stadt Jerusalem

11–12 In Klgl 2,11 wechselt das Subjekt: Nach einem anonymen Sprecher in Klgl 2,1–10, der in 3. Person über das zerstörerische Handeln JHWHs an Jerusalem spricht, wechselt dieser Erzähler in Klgl 2,11–19 zu einer Rede in Ich-Form. Er spricht zum Teil über Jerusalem in 3. Person, zum Teil adressiert er die Stadtfrau direkt in 2. Person.

In der Trauer verdichtet sich die Körpersprache, in einer Innen-Aussen-Relation werden sowohl innere als auch äussere Vorgänge geschildert. Das «Innere» *(meʿayîm*,* auch: die «Eingeweide»), das «in Flammen steht» (oder: «in Aufruhr glüht») und die Leber, die sich auf die Erde «ergossen hat» *(špk),* sind sowohl Körperteile als auch Sitz tiefer Emotionen, an denen ein Wechselspiel von Innen und Aussen stattfindet: Im «Inneren» ist glühender Aufruhr, die Leber ergiesst sich zur Erde und damit nach aussen. Die Körperteile «Inneres» («Eingeweide») und «Leber» *(kābêd)* sind Medien, mit denen der Mensch mit der Aussenwelt kommuniziert. Das «Erlöschen» (oder: «Verenden»/«Schwach-Werden», *klh*) der Augen, das sich auch in der Psalmensprache findet (z. B. Ps 69,4), ist ein Bild für den Tod. Gerade von der Leber, die wörtlich auch «die Schwere» heisst, wird hier wie von etwas Flüssigem gesprochen, das ausgegossen wird – ein in der Hebräischen Bibel einmaliges Bild. Bei den anderen 13 Stellen, an denen die Leber vorkommt, handelt es sich um die Leber von Tieren, häufig im Zusammenhang mit Opfern (z. B. Ex 29,13; Lev 4,9). Vielleicht lässt sich eine Verbindung zur «Schauung» der Propheten in V. 9.14 herstellen, die sich im Alten Orient zum Teil auf Innereien von Tieren bezieht.

Zweimal ist hier vom «Ausgiessen» *(špk)* die Rede: Die Leber wird auf die Erde ausgegossen, und «das Leben» *(næpæš)* der Kinder «ergiesst sich» (bzw. «verflüchtigt sich») in den Mutterschoss. Sonst werden Flüssigkeiten vergossen, z. B. Galle (Hiob 16,13). Bei der Leber gibt es nichts, was ausgegossen werden könnte, nichts Flüssiges. Dass etwas Festes ausgegossen oder ausgeschüttet wird, findet sich noch in Klgl 4,1, wo Edelsteine oder heilige Steine ausgeschüttet werden. Diese Sprachbilder verändern also konkrete Lebenserfahrungen. Ein möglicher Hintergrund dieses Bildes könnte das Herausquellen von Eingeweiden bei grausamen Verletzungen im Krieg sein (2Sam 20,10). Das «Ausgiessen» oder «Zerfliessen» der *næpæš* ist neben unserem Text noch in Hiob 30,16 eine Beschreibung für umfassendes Elend. Der Ausdruck begleitet eine Bewegung nach unten, eine Beschreibung, wie schlecht es dem Sprecher geht.

Eine Facette des umfassenden Zusammenbruchs Jerusalems (vgl. Klgl 3,48; Jer 8,11.21) ist die besondere Not der Kinder und Säuglinge (vgl. 4,10). Ihr «Verschmachten» beschreibt einen Zustand vollständiger Schwächung, bis hin zu ihrem Tod. Die Aussage in V. 12, «dass sie wie Verwundete verschmachten», hat mehrere Bedeutungen: Der Vergleich mit «Verwundeten» wird im Hebräischen mit *ḥll* («Durchbohrte») formuliert, in der griechischen Septuaginta mit *hōs traumatias* («wie Verwundete»/«wie Traumatisierte»). Dadurch, dass die Aussage als Vergleich formuliert ist, verbindet sie die körperliche und die seelische Dimension von Verwundungen miteinander. Verschmachten und Verwundung findet sowohl im Aussen, «in den Strassen der Stadt», als auch in den Häusern, «im Schoss ihrer Mütter» statt. In Klgl 2,12 wird die Rolle der Mütter umgekehrt: Sie können ihre Kinder nicht mit Nahrung versorgen. Die Umkehrung der Geburt ist ein sprachliches Bild für den Tod. Die Aussagen dieser Verse schillern darin, dass es sowohl um reale Mütter in der Stadt und ihre (Klein-)Kinder geht als auch um die Stadt Jerusalem und alle ihre Bewohnerinnen und Bewohner als sterbende Kinder. Vor diesem Hintergrund lässt sich die ungewöhnliche Bitte der Kinder, nicht nur um Getreide, sondern auch um Wein, als Wunsch der gesamten Stadtbevölkerung nach Speisen und Getränken verstehen. Nach Spr 31,6–7 ist Wein ein Getränk für Notsituationen. Getreide und Wein sind Lebensmittel, die sich lange Zeit lagern lassen. Die Kinder fragen also nach dem Stand der Vorräte.

13–19 In V. 13–19 wird Jerusalem direkt mit «Tochter Jerusalem» und «Jungfrau, Tochter Zion» als Person angesprochen. Diese Titel personifizieren – wie Klgl 1 – die Stadt als Frau. Sie lassen sowohl die realen jungen Frauen der Stadt als auch die Stadtgöttin anklingen. Der Sprecher leidet mit der Stadt mit.

13 In den Fragen in V. 13 – «Was soll ich dir bezeugen, womit dich vergleichen, *[Mem]* Tochter Jerusalem, wem dich gleichstellen, um dich zu trösten, Jungfrau, Tochter Zion?» – könnte ein Motiv aus den rituell-kultischen Klagen bzw. Emesal-Gebeten aufgenommen worden sein: das beschwichtigende Trösten der Stadtgöttin, indem ihr geantwortet wird bzw. ihre Aussagen bestätigt oder «gespiegelt» werden (vgl. Einleitung). Die Fragen danach, womit Jerusalem verglichen werden kann, zielen auf die Unvergleichlichkeit der Katastrophe ab. Nach sprachlosem Suchen wird dann in der Grösse des Meeres ein Vergleich gefunden: «gewaltig [*gādôl;* wörtlich: gross] wie das Meer ist dein Zusammenbruch». Mit dem Meer ist in der Hebräischen Bibel oft das Tosen verbunden, die mythische Vorstellung von gewaltigen Chaosmächten steht im Hintergrund (Jes 51,6; 57,20; Jer 6,23), aber auch unüberschaubare Weite und Grösse (Ps 104,25). Die rhetorische

Frage danach, wer Jerusalem heilen kann, bleibt zunächst unbeantwortet. Die Leerstelle füllt sich mit dem Motiv von JHWH als Arzt (Ex 15,26; Jes 30,17.26; Jer 3,22) und somit einzig möglichem Adressaten der Klage erst ab V. 17.

14–16 V. 14–16 geben eine (negative) Antwort auf die Frage von V. 13, wer die Stadt heilen kann: Weder Propheten (V. 14) noch Vorübergehende (V. 15) noch Feinde (V. 16) sind dazu in der Lage. Statt «Schauung» von Gott zu empfangen (V. 9), «schauen» die Propheten nach V. 14 «Lüge und Tünche» (vgl. Jer 6,13–14; Ez 22,28). V. 14 ist die einzige Stelle in Klgl 2, an der menschliche Schuld angedeutet wird. Sonst wird im ganzen Lied Gott für den Untergang Jerusalems verantwortlich gemacht. Den Propheten wird unkritische Heilsprophetie vorgeworfen, die Schuld übertüncht, statt sie aufzudecken.

V. 15 und 16 gehören zusammen: In V. 15 werden Vorübergehende genannt, die die Stadt verspotten. Dieselbe Formulierung «alle, die des Wegs ziehen» wird auch in Klgl 1,12 aufgenommen. Allerdings werden dort die Vorübergehenden um Hilfe gebeten. Das Gespött und die Verachtung dieser Passanten und Feinde, womit auch die umliegenden Völker gemeint sind, werden in körperlichen Gesten ausgedrückt: Sie «schlagen die Hände zusammen» (oder «klatschen»; vgl. Hiob 27,23; Ez 25,6; Nah 3,19), «zischen» (oder «pfeifen»; vgl. 1Kön 9,8; Jer 19,8; Ez 27,36), «schütteln den Kopf» (2Kön 19,21; Ps 22,8; Jer 18,16), «reissen ihr Maul auf» und «knirschen (oder fletschen) mit den Zähnen» (Hiob 16,9; Ps 35,16; 37,12). V. 15 und 16 zitieren Rede der Feinde. Den triumphierenden Feinden werden mit «Vollkommene Schönheit! Eine Wonne für die ganze Welt!» Kernaussagen der Zionstheologie (vgl. Ps 48,3; 50,2) in den Mund gelegt. Ausserdem hat das Motiv der Schönheit des als junge Frau personifizierten Jerusalem Parallelen in Ez 16,14.15.25. Diese Aussagen betonen den Gegensatz zwischen Vergangenheit und Gegenwart, wie es für die Totenklage charakteristisch ist. Im zweiten Satz der Feinde kommt besonders die Schadenfreude zum Ausdruck.

17–19 geben insofern eine positive Antwort auf die Frage von V. 13, wer Jerusalem heilen kann, als sie auf JHWH verweisen. Obwohl er den Untergang bewirkt hat (V. 17), kommt er als einziger möglicher Adressat und Ansprechpartner der Klage infrage (V. 18–19).

17 JHWH wird als der wahre Akteur hinter den vernichtenden Handlungen der Feinde dargestellt. Das göttliche Handeln ist nicht spontan, sondern lange geplant: «Sein Wort hat er erfüllt.» Das hebräische Wort für «Erfüllen» *(bṣʿ)* ist ursprünglich ein Wort aus der Webersprache: Am Ende des Webens eines Stoffes «schneidet» der Weber den letzten Faden «ab». In übertragenem Sinn bezeichnet es dann das «Abschneiden» des Lebensfadens (Jer 51,13) und wie hier das «Beendigen», «Vollbringen» oder «Erfüllen» (Jes 10,12; Sach 4,9). Gott wird in seinem zerstörerischen Handeln als konsequent dargestellt, indem er jetzt ausführt, was er lange geplant und angeordnet hat. Die Rede vom «Horn» *(qæræn)* als Bild für «Macht» aus V. 3 wird wieder aufgenommen: Während JHWH das Horn Israels abgeschlagen hat, hat er das Horn der Feinde «erhöht», also ihre Macht gestärkt.

18 Nachdem V. 1–17 die Zerstörung thematisiert, die auf JHWH zurückzuführen ist, fordern V. 18–19 die personifizierte Stadtfrau trotzdem zum Gebet zu Gott auf. Das «Schreien zu» Gott ist eine übliche Formulierung der Klage (Ex 8,8; Ps 107,19). Allerdings ist es sonst mit dem Gottesnamen JHWH verbunden. Nur hier schreit das Herz der Menschen zu «Adonai» – eine Bezeichnung für Gott als machtvollen, auch zerstörerisch wirkenden «Herrn». Angesprochen wird die «Mauer der Tochter Zion», die für die ganze Stadt Jerusalem steht und den Bewohnerinnen und Bewohnern Schutz geben sollte. Die Stadt wird dazu aufgefordert, ihre Tränen unentwegt fliessen zu lassen «wie einen Fluss» *(naḥal)*: Dieser «Fluss» ist nicht als ruhig und gleichmässig dahinströmendes Gewässer vorzustellen, sondern als *naḥal:* ein trockenes Flusstal (Wadi), das nach Regenfällen plötzlich von Wassermassen wie von einem Sturzbach überflutet werden kann.

19 Der Sprecher fordert Jerusalem zur Klage und zum Gebet auf: Das Wort *rnn,* das hier mit «Wimmern» übersetzt wird, bedeutet auch lautes «Rufen» und «Schreien», hier Klagegeschrei, sonst oft Schreien als Ausdruck von Jubel (Lev 9,24; Jes 12,6). Mit derselben Wurzel *špk* wie in V. 11–12 ist in Klgl 2,19 vom «Ausschütten des Herzens» die Rede. Das Ausschütten des Herzens ist auch hier ein Vorgang, Inneres, Emotionen und Gedanken nach aussen und vor Gott zu bringen. Das «Erheben der Hände» ist eine im Alten Testament und im Alten Orient weit verbreitete Gebetsgeste (vgl. z. B. Ps 28,2; 63,5; Klgl 3,41). Die Hände sollen die Verbindung zwischen Mensch und Gott herstellen, mit der Klage ist die Hoffnung auf Hilfe verbunden. Thema des Gebets soll eine Fürbitte für das «Leben» *(næpæš)* der «Jüngsten» («[Klein-]Kinder») sein (vgl. V. 12). Während alle Strophen in Klgl 2 aus 3 Zeilen bestehen, hat V. 19 als einziger 4 Zeilen. Wegen dieser formalen Unregelmässigkeit wird das Ende von V. 19 meistens als Glosse, als erläuternder Zusatz angesehen, der später ergänzt wurde. Die vierte Zeile wiederholt Aussagen aus V. 11–12, präzisiert sie nur dahingehend, dass sie den «Hunger» der (Klein-)Kinder explizit erwähnt.

V. 20–22 Gebet Jerusalems zu JHWH, Anklage

20 Wie in Klgl 1,20 beginnt auch dieses Gebet mit dem Appell an Gott, genau hinzusehen: «Sieh doch und schau!» (vgl. Ps 80,15; Jes 63,15; Klgl 1,9.11.20; 5,1). Klgl 2 endet in Klage und Anklage, aber dieser Appell an Gott, genau hinzusehen, ist der Anfang einer Bitte um Zuwendung. Als Ausdruck extremer Not werden zwei rhetorische Fragen in den Raum gestellt, die auf eine negative Antwort zielen: die Möglichkeit, dass Frauen ihre Kinder essen könnten und dass Priester und Propheten umgebracht werden. Als literarisches Motiv steht Notkannibalismus, sogar das Essen der eigenen Kinder, für einen Tabubruch und drückt extreme Hungersnot und Grausamkeit in Belagerungssituationen aus (vgl. Dtn 28,53–57; Lev 26,29). Ob es nur ein literarisches Stereotyp ist, um Entsetzen über eine Situation zu formulieren, die es eigentlich nicht geben sollte, oder ob dahinter ein reales Geschehen steht, lässt sich nicht entscheiden. Auch die Möglichkeit, dass Priester und Propheten, die das gesamte Kultpersonal vertreten, im Heiligtum getötet werden, wird als abzulehnender Zustand vor Augen geführt. Die Passivformulierung im hebräischen Text lässt offen, durch wen sie getötet werden. Die griechische Übersetzung formuliert das Verb aktiv in 2. Person und macht dadurch Gott zum Subjekt, das hinter den Morden steht, was dann auch im hebräischen Text im folgenden Vers explizit gemacht wird.

21 V. 21 steigert die Aussage von V. 10: Junge und Alte legen sich auf die Erde. Das lässt sich nicht nur als Trauergeste verstehen, sondern auch als Euphemismus für das Sterben (vgl. Hiob 14,12). Die Grausamkeit wird gesteigert, indem gesagt wird, dass junge Frauen und Männer durch das Schwert gefallen, also durch einen gewaltsamen Tod gestorben sind. Der Höhepunkt der Gewalt liegt darin, dass Gott selbst angeklagt wird, die Menschen in Jerusalem – Junge und Alte, Männer und Frauen – «umzubringen» (*hrg;* vgl. Klgl 3,43) und «abzuschlachten» *(ṭbḥ)*. Dieses Abschlachten bezeichnet sonst das Schlachten von Tieren (Gen 43,16; Ex 21,37). Wenn es auf Menschen übertragen wird, drückt es besondere Brutalität aus (Ps 37,14; Jer 48,15). Mit schonungsloser Offenheit wird hier Gott vorgeworfen, für die Gewalt, die die Bewohnerinnen und Bewohner Jerusalems durch die babylonische Eroberung erfahren, verantwortlich zu sein.

22 Das von Gott ausgehende «Herbeirufen» ist ein machtvolles Geschehen: Sonst werden Truppen herbeigerufen (Ri 12,1; Jes 13,3), mitunter aus fernen Ländern (Jes 41,9). Hier wird herbeigerufen, «wovor mir graute» (ZB) oder «meine Schrecken von ringsum» (vgl. Jer 49,29). Damit sind wohl die Feinde, die Babylonier gemeint, die aus allen Richtungen kommen. Der Vergleichspunkt mit dem Festtag ist der Festlärm. Allerdings wird aus dem Festtag ein Tag des göttlichen Zorns, ein Gerichtstag. Das Gebet endet mit einer massiven, klagenden Anklage Gottes, einer Zusammenfassung der göttlichen Gewalt aus dem ersten Teil des Liedes, mit dem Zorn Gottes. Das letzte Wort hat der Feind, der allem Leben ein Ende bereitet hat: «die ich gesund geboren und grossgezogen habe» nimmt zum Abschluss wieder die jungen Menschen in den Blick. Der Midrasch (EkhaR 2,22) versteht darunter nicht nur bereits geborene Kinder, sondern auch Söhne und Töchter, die in Zukunft geboren werden. Die Feinde sind Werkzeuge des Wirkens Gottes. Mit dem Zorn Gottes schliesst sich der Kreis, das Lied kehrt zu V. 1 zurück. Eine Hoffnungsperspektive ist nicht unmittelbar in Sicht. Am Gerichtstag gibt es «keinen Geretteten und keinen Entkommenen.» Bezieht man aber die Tradition des Tages des göttlichen Zorns als Gerichtstag ein (Jer 30,7), so wird vielleicht eine mögliche Rettung nach dem Gerichtstag angedeutet.

Anthropologische und theologische Aspekte

Klgl 2, wahrscheinlich das älteste Lied, zeigt die Zerstörung und Gottverlassenheit am dramatischsten. Auf inhaltlicher Ebene enthält es keine Perspektiven von Hoffnung oder Trost. Aber die performative Rezitation des Liedes, der Aufruf zum Gebet (2,18–19) und der Appell an Gott, hinzuschauen (2,20), deuten Wege aus der umfassenden Krise an.

Für das Menschenbild ist bedeutsam, wie sich die umfassende Zerstörung auf einzelne Bevölkerungsgruppen und Institutionen auswirkt. Sie sind Ausdruck der vielfältigen Relationen im städtischen Geschehen. Mit der Zerstörung der Stadt fehlen ihre monumentalen Repräsentationen (wie Palast und Tempel) und Institutionen (Priester, Älteste, Feste usw.). Die Erfahrung von Zerstörung geht mit dem Erliegen der Sozialstruktur, Schutzlosigkeit und mangelnder (politischer und psychologischer) Sicherheit einher. Bildlich drückt dies die zerstörte Stadtmauer aus. Die Verletzbarkeit menschlichen Lebens betont besonders die familiäre Perspektive.

Das Lied enthält viele verschiedene Töne und Klänge: «Klagen und Jammern» (*taʾaniyyāh waʾaniyyāh;* V. 5), «Stimme»/«Lärm» *(qôl)* der Feinde (V. 7), «das Klatschen» *(śpq)* in die Hände und «Pfeifen» *(šrq)* sowohl der Nachbarn (V. 15) als auch der Feinde (V. 16); sogar das Herz kann schreien (*libām ṣāʿq;* V. 18). Diese akustischen Äusserungen machen Klgl 2 zum «lautesten Lied». Gleichzeitig ist aber auch darin vom Verstummen und Sitzen in Stille *(dmm)* die Rede (V. 10).

In Klgl 2 begegnen zwei Facetten des Gottesbildes:

– JHWH hat seine Stadt verlassen, tröstet und hilft nicht. Er wird dreimal als Gott ohne Mitleid beschrieben (V. 2.17.21; vgl. auch Klgl 3,43).

– JHWH wird als aktiver Zerstörer und Feind dargestellt und angeklagt. Er wird als emotionaler Gott beschrieben, als Gott in Beziehung, der zornig werden kann. Die Tätigkeiten JHWHs werden mit *aktiven,* häufig negativ konnotierten Verben beschrieben: JHWH *entweiht* das Heiligtum (V. 7) – dadurch ist kultische Versöhnung nicht mehr möglich; JHWH *zerstört* (V. 2.5.6.9); JHWH *verschlingt* (V. 2.16) und *tötet* (Prophet/Priester; V. 20; Greis/Jungfrauen/Jünglinge; V. 21); JHWH lässt Kleinkinder und Säuglinge auf der Strasse *verhungern.*

Intention dieses – aus heutiger Sicht vielleicht als problematisch wahrgenommenen – Gottesbildes ist, JHWH als mächtig zu zeigen, sogar als Herrn (Adonai) über den Untergang, um auch in der Niederlage an der Vorstellung von der Macht des einzigen Gottes festhalten zu können: JHWH soll als nicht schwächer als der Gott der Eroberer dargestellt werden. Mit der Rede vom Zorn Gottes wird nach einer Erklärung für die traumatischen Erfahrungen rund um die Zerstörung von Stadt und Tempel gesucht. Der Mensch nimmt sich als dem Zorn Gottes machtlos ausgeliefert wahr.

Klgl 2 ist sowohl Klage als auch Anklage. Die Gewaltschilderungen in Klgl 2 gehen zum Teil an die Grenzen des Erträglichen, vor allem wenn die Gewalt als von Gott ausgehend dargestellt wird. Menschliche Schuld wird in Klgl 2 nur an einer Stelle, in V. 14, angedeutet. Dieser Aspekt kommt dann in den Klgl 1 und 4 dazu. Klgl 2 ruft als einzige Klage nicht zum Gottvertrauen auf. Das Lied endet zwar mit einem Gebet (V. 20–22), aber dieses ist eine einzige Anklage Gottes. Gott soll sehen, was er angerichtet hat und Erbarmen mit seinen Opfern haben. Vielleicht liegt darin, dass trotz aller geschilderten Verzweiflung an JHWH als einem Gesprächspartner und Gegenüber festgehalten wird, und dieser angeklagt werden darf, der einzige hoffnungsvolle Aspekt dieses Liedes.

Das dritte Klagelied

1 *(Alef)* Ich bin der Mann, der das Elend gesehen hat,
das Werk des Stocks seines Zorns.
2 *(Alef)* Mich hat er vertrieben und fortgeführt
in die Finsternis und nicht ins Licht.
3 *(Alef)* Ja, gegen mich wendet er wieder und wieder seine Hand,
jeden Tag.
4 *(Bet)* Mein Fleisch und meine Haut hat er schwinden lassen,[54]
meine Knochen hat er zerbrochen.
5 *(Bet)* Gegen mich hat er gebaut, und mich hat er eingeschlossen
mit Gift und mit Mühsal.
6 *(Bet)* In tiefster Finsternis[55] hat er mich wohnen lassen,
wie jene, die lange schon tot sind.
7 *(Gimel)* Er hat mich eingemauert, und ich komme nicht heraus,
mit bronzenen Ketten hat er mich beschwert.
8 *(Gimel)* Auch wenn ich schreie und um Hilfe rufe –
er hat sich meinem Gebet verschlossen.[56]
9 *(Gimel)* Meinen Weg hat er mit Quadersteinen vermauert,
meine Pfade hat er verdreht.
10 *(Dalet)* Ein lauernder Bär ist er für mich,
ein Löwe im Verborgenen.
11 *(Dalet)* Meine Wege hat er mit Dornen versperrt,[57]
und er hat mich zerrissen,
übel hat er mich zugerichtet!
12 *(Dalet)* Er spannte seinen Bogen und stellte mich auf
wie die Zielscheibe für den Pfeil.
13 *(He)* In meine Nieren liess er eindringen
die Söhne seines Köchers.
14 *(He)* Für mein ganzes Volk bin ich zum Hohn geworden,
ihr Spottlied für jeden Tag.
15 *(He)* Mit bitteren Kräutern hat er mich gesättigt,
mit Wermut hat er meinen Durst gestillt.[58]

---

54 Die hebräische Wurzel ist *blh,* hier im pi.: «(hin)schwinden lassen», «verbrauchen», «verzehren». Im q. ist die Bedeutung «abgenutzt»/«verbraucht»/«welk sein»: In Dtn 8,4 steht das Verb im Zusammenhang mit Kleidern, der Abnützung oder dem Verschleiss von Stoffen. In Gen 18,12 bezieht Sara das Wort auf sich und ihr und Abrahams «Verbrauchtsein» im hohen Alter.

55 V. 6 entspricht (ausser der Wortstellung) Ps 143,3. Allerdings ist dort der Feind das Subjekt, in Klgl 3,6 dagegen Gott; *maḥšakkîm* («tiefste Finsternis») ist ein Intensivplural und bezeichnet den Bereich absoluter Finsternis.

56 Wörtlich: «Er hat mein Gebet verschlossen.» Die Wurzel *stm* kommt nur hier vor, sie lässt sich als Nebenform zu *śtm* («verschliessen») erklären.

57 Die ersten beiden Verben in V. 11 sind nicht leicht zu übersetzen: Die ZB leitet das Verb *srr* von *sîr* («Dornbusch») ab und übersetzt «mit Dornen versperren». Auch *pšḥ* pi. («zerreissen») ist ein *hapax legomenon.*

58 Für das Stillen des Durstes, parallel zum Sättigen, gibt es im Hebräischen ein eigenes Wort: *rwh.*

16 *(Waw)* Und auf Kies liess er meine Zähne sich zerreiben,
in den Staub trat er mich nieder.[59]
17 *(Waw)* Und aus dem Frieden hast du mich verstossen,[60]
was Glück ist, habe ich vergessen!
18 *(Waw)* Und ich sagte: Verloren ist mein Ruhm
und meine Hoffnung auf JHWH.
19 *(Sajin)* An mein Elend und meine Heimatlosigkeit denken[61]
ist Wermut und Gift.
20 *(Sajin)* Ständig denke ich daran,[62]
und tief bin ich gebeugt!
21 *(Sajin)* Dies werde ich zurückbringen[63] **in mein Herz,**
darum werde ich hoffen:
22 *(Chet)* Es sind die Gnadenerweise JHWHs,
dass es nicht ganz und gar zu Ende ist mit uns,[64]
denn sein Erbarmen hat sich nicht erschöpft.
23 *(Chet)* An jedem Morgen ist es neu.
Deine Treue ist gross!
24 *(Chet)* Mein Anteil ist JHWH!, habe ich gesagt.
Darum werde ich auf ihn hoffen.
25 *(Tet)* JHWH ist gut zu dem, der auf ihn hofft,
zu dem, der nach ihm fragt.
26 *(Tet)* Gut ist es, schweigend zu warten
auf die Rettung durch JHWH.
27 *(Tet)* Gut ist es für den Mann,
wenn er das Joch in seiner Jugend trägt.
28 *(Yod)* Allein soll er sitzen, und er soll schweigen,
wenn er es ihm auferlegt.
29 *(Yod)* Er tue seinen Mund in den Staub,
vielleicht gibt es Hoffnung!
30 *(Yod)* Er halte dem die Wange hin, der ihn schlägt,
der sich sättigt an der Schmach.
31 *(Kaf)* Denn er verstösst nicht für immer,
der Herr.

---

59 Die beiden Verben in diesem Vers sind selten und ihre Bedeutung unklar: *grs* hi. («sich zerreiben» / «zermalmen lassen») lässt sich als orthografische Variante zu *grś* hi. erklären, die nur hier und in Ps 119,20 vorkommt; *kpš* hi. «niederdrücken», ist ein *hapax legomenon,* eine Nebenform zu *kbš* «niedertreten» / «sich unterwerfen».

60 Die hebräische Form von *znḥ* q. («verwerfen»/«verstossen») in V. 17 ist mehrdeutig, sie liesse sich auch als «mein Leben wurde verstossen» lesen. Die antiken Übersetzungen folgen häufig dieser Lesart.

61 Die hebräischen Verbformen in V. 19 und 20 sind mehrdeutig: *zᵉkor* («denken» / «sich erinnern») in V. 19 kann ein Infinitiv sein (so ZB und die meisten Übersetzungen) oder ein – wohl an Gott gerichteter – Imperativ: «gedenke / erinnere dich!».

62 Auch das zweite Erinnern – *zākôr tizkôr* – in V. 20 kann die «Seele» und damit die Person des Beters als Subjekt haben (so ZB: «Ständig denke ich daran») oder ebenfalls eine an Gott adressierte Aufforderung sein.

63 Die Septuaginta setzt hier ein anderes Wort voraus, was sich so übersetzen liesse: «das nehme ich mir zu Herzen.»

64 Die ZB folgt hier dem hebräischen Text, wonach «wir» das Subjekt des Verbs *tmm* («zu Ende sein») ist. Die Septuaginta liest dagegen die 3. Person Plural und bezieht es auf die Gnadenerweise, die noch nicht zu Ende sind.

32 *(Kaf)* Vielmehr: Hat er in Kummer gestürzt, dann erbarmt er sich,
wie es der grossen Zahl seiner Gnadenerweise entspricht.
33 *(Kaf)* Denn nicht von Herzen hat er erniedrigt[65]
und die Menschen in Kummer gestürzt.
34 *(Lamed)* Dass man unter seinen Füssen
alle Gefangenen des Landes zertritt,
35 *(Lamed)* dass man das Recht eines Mannes beugt
vor dem Angesicht des Höchsten,
36 *(Lamed)* dass man einen Menschen behindert bei seinem Rechtsstreit –
das sollte der Herr nicht sehen?
37 *(Mem)* Wer sollte das sein, der sprach und es geschah,
ohne dass der Herr es geboten hätte?
38 *(Mem)* Kommt nicht aus dem Mund des Höchsten
das Schlimme und das Gute?
39 *(Mem)* Was beklagt sich[66] der Mensch, der lebt,
was beklagt sich ein Mann über seine Sünden?
40 *(Nun)* Lasst uns unsere Wege prüfen und erforschen,
und lasst uns zurückkehren zu JHWH!
41 *(Nun)* Wir erheben unser Herz und[67] unsere Hände
zu Gott im Himmel.
42 *(Nun)* Wir, wir haben uns vergangen und waren widerspenstig,
du, du hast es nicht verziehen.
43 *(Samech)* Du hast dich in Zorn gehüllt und hast uns verfolgt,
du hast uns[68] umgebracht, ohne Mitleid.
44 *(Samech)* In eine Wolke hast du dich gehüllt,
so dass kein Gebet hindurchdrang.
45 *(Samech)* Zu Kehricht und Unrat hast du uns gemacht
inmitten der Völker.
46 *(Pe)* Alle unsere Feinde
haben ihr Maul gegen uns aufgerissen.
47 *(Pe)* Grauen und Grube sind uns zuteil geworden,
Verheerung und Zusammenbruch.
48 *(Pe)* Bäche stürzen aus meinem Auge
über den Zusammenbruch der Tochter meines Volks.
49 *(Ajin)* Mein Auge ergiesst sich und findet keine Ruhe,
es hört und hört nicht auf,

65 Dass Gott «erniedrigt», wird mit derselben hebräischen Wurzel *ʿnh* ausgedrückt wie das «Elend» in V. 1.

66 *ʾnn* hitp. kommt sonst nur noch in Num 11,1 vor und beschreibt dort das Murren der Wüstengeneration gegen Mose und JHWH.

67 Im Hebräischen heisst es wörtlich: «Wir erheben unser Herz zu *(ʾæl)* unseren Händen.» Die Übersetzung der ZB mit «und» lässt sich so erklären, dass die Präposition *ʾæl* nicht nur «zu» im Sinne einer Richtungsangabe, sondern auch «zusätzlich zu» bedeuten kann (vgl. Lev 18,18; 1Kön 10,7).

68 Ein Objekt wird im Hebräischen nicht genannt, es kann aber nur «uns» gemeint sein. Dann bezieht sich das «Umbringen» auf die sprechende Wir-Gruppe.

50 *(Ajin)* bis JHWH vom Himmel
herabblickt und hinsieht.
51 *(Ajin)* Mein Auge schmerzt mich
all der Töchter meiner Stadt wegen.[69]
52 *(Zade)* Gejagt, gejagt wie einen Vogel haben mich
meine Feinde, ohne Grund!
53 *(Zade)* In der Grube wollten sie mein Leben zum Schweigen bringen,
und Steine haben sie auf mich geworfen.
54 *(Zade)* Wasser flutete über mein Haupt,
ich sagte: Ich bin vom Leben abgeschnitten!
55 *(Qof)* Ich rief deinen Namen, JHWH,
von tief unten aus der Grube.
56 *(Qof)* Du hast meine Stimme gehört,
verschliesse nicht dein Ohr,
zu meiner Erleichterung, zu meiner Rettung!
57 *(Qof)* Am Tag, da ich dich rief, hast du dich genaht,
du sprachst: Fürchte dich nicht.
58 *(Resch)* Du, Herr, hast um mich die Rechtsstreite geführt,
hast mein Leben erlöst.
59 *(Resch)* JHWH, du hast gesehen, wie man mir das Recht beugt,
verschaffe du mir mein Recht!
60 *(Resch)* Du hast all ihre Rachegelüste gesehen,
all ihre Pläne gegen mich.
61 *(Schin)* Ihr Schmähen hast du vernommen, JHWH,
all ihre Pläne gegen mich,
62 *(Schin)* das Reden jener, die sich gegen mich erheben, und ihr Gerede
gegen mich, jeden Tag.
63 *(Schin)* Ob sie sitzen oder sich erheben – schau hin:
Ich bin ihr Spottlied!
64 *(Taw)* Zahle es ihnen heim, JHWH
wie es dem Tun ihrer Hände entspricht.
65 *(Taw)* Gib ihnen Verblendung ins Herz.
Dein Fluch über sie!
66 *(Taw)* Verfolge sie voller Zorn und zerschmettere sie
unter dem Himmel JHWHs!

Literarisch-historische Einordnung

Wie Klgl 1; 2 und 4 besteht auch Klgl 3 aus 22 alphabethischen Strophen. Diese sind in diesem Lied besonders ausgearbeitet, weil jeweils drei Verse mit dem gleichen Buchstaben des Alphabets beginnen. Die sonst übliche Reihenfolge der Buchstaben *ʿayin* und *pe* ist in

69 Eine andere Deutung versteht die Präposition *mi* nicht im Sinne von «wegen», sondern als Vergleichspartikel «mehr als». So übersetzt Berlin, Lamentations, 80: «My eyes have brought me grief, more than all the daughters of my city.»

V. 46–51 – wie in Klgl 2 und 4 – vertauscht. Die Strophen sind eng miteinander verknüpft. Häufig wird ein Thema aus dem letzten Vers einer Strophe in der folgenden Strophe aufgenommen: z. B. das «Auge» (hebräisch *'ayin;* V. 48) in der folgenden Strophe (V. 49–51) zweimal, deren drei Verse jeweils mit dem Buchstaben *'ayin* beginnen. In Klgl 3 sind vier Stimmen hörbar: In V. 1–24 spricht ein «Ich», das sich als «der Mann» *(haggæbær)* bezeichnet, in V. 25–39 mit «Er» eine Erzählstimme, in V. 40–47 ein kollektives «Wir» und in V. 48–66 eine «Ich»-Stimme, bei der nicht klar ist, ob es sich um eine Fortsetzung des «Mannes» handelt oder die personifizierte Stadt Jerusalem.

Klgl 3 wird jünger als die Lieder 2, 1 und 4 datiert, eventuell ist es als spätnachexilische Reaktion auf Klgl 2 sogar das Jüngste der 5 Lieder. Argumente dafür sind die stärker betonte alphabetische Struktur und die Aufnahme vieler alttestamentlicher Traditionen: Klgl 3 enthält besonders viele Motive aus der Psalmensprache – Leidklage, Vertrauensäusserung und Belehrung. Der Mensch, der im ersten Teil des Liedes sein Leid klagt, hat viele Parallelen zum Hiobbuch. Klgl 3 kombiniert Klagen über die Not mit theologischem Hinterfragen des Leidens. Intention des Liedes ist es, aus der erfahrenen Not heraus über weisheitliche Belehrung und Erinnerung an die Gnade Gottes zu erneutem Gottvertrauen hinzuführen (vgl. Jes 50,10).

Kommentar

V. 1–24 Klage, Notschilderung

1–6 Bisherige Überlegungen zur Identität «des Mannes» *(haggæbær),* der in Klgl 3 spricht, gehen in folgende Richtungen:

1. Nach individuellen Deutungen wird der Mann mit einer konkreten historischen Persönlichkeit identifiziert, wobei unterschiedliche Personen vorgeschlagen werden: der Prophet Jeremia, Hiob, ein Priester, König Jojachin oder König Zedekia.

2. Kollektive Interpretationen identifizieren den Mann mit Israel, dem Volk oder der Gruppe der Exilierten, eventuell auch mit der Stadt Jerusalem.

3. Heute wird meistens eine vermittelnde Position vertreten: Der Mann lässt sich nicht mit einer konkreten historischen Persönlichkeit identifizieren, sondern ist eine fiktive Person, die repräsentativ für andere steht: jeder Mensch oder ein prominenter Bewohner Jerusalems. Die allgemein menschlichen Aussagen in V. 27.35.39 sprechen dafür, den Mann nicht auf seine Männlichkeit zu reduzieren. Im Sinne des Charakters des Liedes als Rollendichtung repräsentiert eine als namenloses, männliches Individuum gestaltete fiktive Person gleichzeitig das ganze Volk. Der Mann und die als Frau personifizierte Stadt Jerusalem sind zwei Seiten derselben Medaille: In dieser Rollendichtung sind sie Vorbilder für eine Person, die trotz Leiderfahrungen am Gott Israels festhält.

Der Beginn von Klgl 3 mit «Ich» ist äusserst ungewöhnlich. Während Klagelieder sonst mit der Anrufung Gottes beginnen (Ps 3,5; 5,2; 13,2 u. a.), hat hier das betende «Ich» das erste Wort. Dieser Anfang erinnert an die Selbstvorstellung auf Königsinschriften (z. B.

auf der Stele des Königs Mescha von Moab aus dem 9. Jh. v. Chr.),[70] wird aber in Klgl 3 umgekehrt: Statt einer Selbstverherrlichung weist der Mann auf das Elend hin, das er gesehen hat. Im «Elend» verdichtet sich die ganze Leiderfahrung, die in den folgenden Versen (V. 1–21) geschildert wird. Sonst ist es Gott, der die Not sieht und rettend eingreift (Ps 25,16; 40,18; 69,30). Hier hat dieses Sehen aber keine positive Bedeutung sondern ist mit Leiderfahrung verbunden. Auch wenn in den folgenden Versen JHWH nicht explizit genannt wird, ist klar, dass er Verursacher des Leidens ist. In V. 4 wird dieses Leiden als körperlicher Verfall und Krankheit beschrieben (vgl. Ps 32,3; 51,10). Gottes Bauen (V. 5) ist sonst, im Zusammenhang mit dem Wiederaufbau Zions/Jerusalems, positiv besetzt (vgl. z. B. Ps 51,20). V. 5 entwirft ein Gegenbild zur sonst in den Psalmen verbreiteten Vorstellung vom weiten Raum, der volle Entfaltungsmöglichkeiten bietet (vgl. z. B. Ps 4,2; 18,20; 31,9). Das gegnerische «Bauen» und «Einschliessen» in V. 5 lässt an die Belagerung der Stadt denken (Jos 6,3.11; 2Kön 6,14) oder auf individueller Ebene an das bedrängende Einkreisen einer Person (Ps 17,9; 22,17).

Dass hier mit «Gift und Mühsal» *(ro'š ûtᵉlā'āh)* gebaut wird, ist eine ungewöhnliche Kombination. Die beiden – nur hier zusammengestellten – Begriffe lassen sich so interpretieren, dass die Angriffe auf die körperliche Integrität aus V. 4 fortgesetzt werden: Vergiftung führt zu Mühsal im Sinne körperlicher Erschöpfung und Kraftlosigkeit (vgl. Ex 18,8; Num 20,14; Neh 9,32). Der Midrasch schlägt vor, die beiden Begriffe metaphorisch mit feindlichen Herrschern zu verknüpfen: Das doppeldeutige Wort *ro'š* wird nicht, wie in der Zürcher Bibel u. a., mit «Gift» übersetzt, sondern – wie in der Septuaginta – mit der (häufigeren) Bedeutung «Kopf»/«Haupt». In Dan 2,38 sagt Daniel zu Nebukadnezzar: «Du bist das goldene Haupt *[ro'š]*». So entsteht eine Interpretation, die «Gift und Mühsal» mit Nebukadnezzar und Nebusaradan gleichsetzt. Neben dieser Verbindung mit der babylonischen Zeit, einer möglichen Entstehungszeit der biblischen Klagelieder, werden die beiden Begriffe im Midrasch auch metaphorisch auf die beiden römischen Herrscher Vespasian und Trajan gedeutet.

Klgl 3,1–6 ist ein «Anti-Psalm 23»:[71] Das sonst positiv besetzte Hirtenbild wird aufgenommen und umgekehrt. Zwischen den beiden Texten bestehen zahlreiche lexikalisch-semantische Beziehungen: Der «Stock» oder «Stab» *(šebæt)* hat eine gegensätzliche Funktion: In Ps 23 bietet er Trost und Orientierung, in Klgl 3,1 ist er der «Stock seines Zorns». Das Führen und Leiten der Herde aus Ps 23 wird in Klgl 3,2 zum «Vertreiben» und «Fortführen» verkehrt, nach Klgl 3,3 «wendet er wieder und wieder seine Hand gegen mich» *(hpk yād b)*. Die Hand Gottes, sonst ein Bild für Zuwendung und Unterstützung (Ex 13,9; Ps 119,173 u. a.), hat hier eine bedrohliche Macht. Auf die Einleitung «Ja» oder «nur» *('ak)* folgt in Ps 23,6 «Güte und Gnade», in Klgl 3,3 dagegen das feindliche Handeln Gottes. Während Gott in Ps 23,4 gerade im Tal der «Todesschatten» ein verlässlicher Begleiter ist, führt er in Klgl 3 «in die Finsternis» (V. 2) und lässt den Mann «in tiefster Finsternis» wohnen (V. 6) – einem Bereich, der in den Psalmen mit Todesnähe verbunden wird (Ps 44,20; 88,7.19; 107,10). Funktion der Umkehrung der Hirtenmetapher ist, die Orientierungslosigkeit nach der Zerstörung Jerusalems und die Erschütterung in der Gottesbeziehung in Worte zu fassen. Der Mann befindet sich in Finsternis und sieht somit nicht, wohin er geht. Gott ist trotzdem da, denn er wendet ja

70 Historisches Textbuch zum Alten Testament (HTAT), 242–248.
71 Vgl. van Hecke, Lamentations, 264–282.

täglich seine Hand gegen ihn (V. 3). Gott ist da, aber er tritt in diesen Versen nicht als Erbarmer und Hoffnung gebend auf, sondern als Feind. Durch diese Umkehrung wird der Kontrast zwischen der vorhandenen Tradition und der gegenwärtigen Realität betont und in einen neuen Kontext gestellt: den Kampf um ein neues Gottvertrauen.

7–9 V. 7 und 9 setzen die Raum- und Wegmetaphern aus V. 5 fort. Die beiden Verse beginnen mit demselben Verb *gdr* («ummauern»/«einmauern»): Der Sprecher beschreibt sich als in einem Gefängnis eingemauert, beschwert von bronzenen Ketten, und sein Weg ist versperrt. Er hat keine Möglichkeit weiterzugehen, keine räumlichen Entfaltungsmöglichkeiten. Der Weg steht oft auch für den Lebenswandel (Ps 119,1; 128,1; 139,24). Während Gott in Ps 23,3 auf «Pfaden der Gerechtigkeit» leitet, weiss der Sprecher von Klgl 3,7–9 nicht, wie er weiterleben soll. Während JHWH sonst Bittgebete erhört (Ps 4,2; 6,10; 65,3), «verschliesst» er hier sogar das Gebet, so wie sonst Quellen (2Kön 3,19.25) oder der Mund (Sir 30,18) verschlossen werden. Das Ergebnis ist, dass das Gebet keine Ausdrucksmöglichkeit findet. Eine andere Interpretation ist, dass sich JHWH «dem Gebet verschliesst» (ZB), sodass das Gebet nicht zu ihm hindurchdringen kann (V. 44). In jedem Fall ist die Kommunikation zwischen dem Menschen und Gott gestört.

10–12 Das feindliche Versperren des Weges aus der vorangehenden Strophe wird fortgesetzt. JHWH wird mit wilden Tieren verglichen, die im Hinterhalt lauern, den Weg versperren, den Beter zerreissen und «entsetzlich zurichten» oder «verwüsten» (*šmm*, vgl. Klgl 1,13; auch dort im Zusammenhang mit Jagdmetaphorik). Bären und Löwen (V. 10) gelten als die gefährlichsten Wildtiere, weil sie Menschen töten können (Spr 28,15). Sie können Instrumente des göttlichen Gerichtshandelns sein (2Kön 2,24; 17,25), in den Psalmen werden häufig die Feinde mit Löwen verglichen (Ps 22,14.22). Tiervergleiche für JHWH sind selten. Wenn hier JHWH zwar nicht explizit genannt, aber implizit mit Bär und Löwe verglichen wird, so ist damit die Bildwelt der Psalmen verkehrt.

Während Gott in V. 10 mit wilden Tieren assoziiert wird, wird er in V. 12 als Jäger oder Krieger dargestellt. V. 11 enthält beide Aspekte: einerseits menschliche feindliche Aktionen, die an einen Jäger erinnern könnten – «Versperren des Weges mit Dornen» – und andererseits tödliche Angriffe wilder Tiere – «Zerreissen» und «übel zurichten». Das «Spannen des Bogens» heisst wörtlich «Treten»: Der Schütze stellt den Bogen auf den Boden, um ihn mit seinem Fuss zu spannen (vgl. Klgl 2,4). Der «Pfeil» *(ḥeṣ)* ist eine Angriffswaffe und gehört gemeinsam mit dem «Bogen» *(qæšæt)* zu den Fernkampfwaffen. Pfeile bezeichnen in der Psalmensprache meistens Pfeile, mit denen die Feinde auf den Beter zielen (z. B. Ps 7,14; 11,2; 57,5; 91,5). Pfeile sind Elemente realer Bedrohung: Sie können entweder ganz wörtlich verstanden werden oder auf die Zunge, die Sprache, die Worte der Feinde übertragen werden (z. B. Ps 57,5; 64,4). «Pfeil» kann aber auch umgekehrt – als Gegenbild – einen Pfeil meinen, der von Gott zur Verteidigung des Beters eingesetzt wird (z. B. Ps 64,8). Dieses Gegenbild drückt den Wunsch des Beters aus, dass die gegen ihn gerichteten Waffen den Feind treffen. Meistens werden JHWH in diesem Gegenbild allerdings Verteidigungswaffen, am häufigsten der Schild (z. B. Ps 35,2), zugeordnet. Angriffswaffen in den Händen JHWHs kommen nur an wenigen Stellen vor. Pfeile werden nur in Ps 38,3; 58,8; 64,8 und 120,4 Gott zugeordnet. Dass die feindliche Absicht, den Beter zur Zielscheibe für den Pfeil zu machen (vgl. Hiob 16,12–13), hier und im nächsten Vers Gott unterstellt wird, ist eine grausame Zuspitzung.

13–15 Die Nieren *(kil^e^yôt)* stehen im hebräischen Menschenbild für die Beziehungsdimension, sowohl zwischen Menschen als auch zwischen Mensch und Gott (Ps 16,7). Gott hat die Nieren geschaffen (Ps 139,13). Die Nieren sind der Sitz tiefster Emotionen von grosser Freude bis zu tiefstem Leid (Ps 16,7; 73,21). Sie sind der Ort des Gewissens, Gott «prüft Herz und Nieren» (Ps 7,10). Symbolisch können Schmerzen in den Nieren als stechend wie Pfeilspitzen empfunden werden. Dass Gott die Pfeile (die «Söhne» oder «Kinder seines Köchers») hier – in Fortsetzung von V. 12 – bis in die Nieren eindringen lässt, ist ein weiterer Höhepunkt an Grausamkeit. Die «Kinder seines Köchers» sind ein Gegenbild zu Ps 127,3–5, wo «Kinder der Jugend» mit «Pfeilen in der Hand des Kriegers» verglichen werden – wohl um Potenzial und Lebensmöglichkeiten auszudrücken. Während V. 13 die Jagd- und Kriegsmetaphorik aus der *Dalet*-Strophe fortsetzt, findet in V. 14 ein Themenwechsel statt: In den nächsten Versen geht es um soziale Verachtung. Dass der Beter zum «Hohn», «Spott» oder «Gelächter» der Mitmenschen wird, ist ein festes Motiv der Psalmensprache (Ps 31,12; 88,9.19). «Saitenspiel» oder «Harfenspiel» *(n^e^ginâh)* ist sonst eine neutrale Psalmenüberschrift (Ps 4,1; 6,1). Hier wird es durch den Parallelismus zu *ṣ^e^ḥoq* («Hohn» oder «Gelächter») zum Spottlied (vgl. Ps 69,13; Klgl 3,63). Von der sozialen Verachtung geht V. 14 zur Störung in der Gottesbeziehung über, ohne dass Gott explizit genannt wird: Klgl 3,15 entwirft ein Gegenbild zur sonst positiv besetzten Sättigung und der Vorstellung von Gott als Gastgeber (Ps 23,5). Statt «mit Gutem» zu sättigen (Ps 103,5), sättigt Gott hier mit «bitteren Kräutern» und gibt Wermut zu trinken. Bittere Kräuter werden beim Passamahl gegessen, um an die Sklaverei in Ägypten zu erinnern (Ex 12,8). Wermut hat eine hohe Konzentration an Bitterstoffen und wird hier als giftige Flüssigkeit vorgestellt. Beide stehen im übertragenen Sinn für umfassendes Leiden.

16–18 Das Bild vom grausamen Gastgeber wird noch gesteigert: Gott lässt den Sprecher sich die Zähne auf Kies ausbeissen und tritt ihn in den Staub nieder. Das Bild lässt sich sowohl wörtlich verstehen im Sinne dürftiger Nahrung unter unhygienischen Umständen (Ps 102,10) als auch als Metapher für Unterdrückung und Elend. Staub steht für die Vergänglichkeit des Menschen (Gen 3,19; Jer 17,13), impliziert Nähe zum Tod und kommt in Trauerritualen vor. Das Bild der trauernd im Staub sitzenden Stadtfrau Jerusalem aus Klgl 1 klingt hier an (Jes 47,1).

In V. 17 wird Gott direkt angesprochen, ohne dass er explizit genannt wird. Der Wechsel zur Anrede an die 2. Person lässt sich als gebetsartiger Zwischenruf verstehen (vgl. Ps 88,3) und ist ein Übergang zur Selbstreflexion in V. 18. Gott wird vorgeworfen, den Sprecher «aus dem Frieden verstossen» zu haben – eine ungewöhnliche Formulierung. «Friede» *(šalôm)* ist ein umfassender Begriff für Unversehrtheit, Ganzheit, Gesundheit, materielles Wohlergehen und gelingendes Leben. In der ausweglosen Situation des Exils ist das «Glück» bzw. das «Gute» *(ṭôbâh)* vergessen (vgl. Jer 8,15; 14,19). Im babylonischen Talmud wird Klgl 3,17 im Zusammenhang mit den Schabbat-Vorbereitungen zitiert: «Das Gute» kann ein Bad im Badehaus sein, das Waschen von Händen und Füssen mit warmem Wasser, ein angenehmes Bett mit feiner Bettwäsche oder eine für den Gelehrtenschüler geschmückte Frau (bSchabbat 25).

V. 18 hat resümierenden Charakter. «Und ich sagte» leitet einen eigenen Gedanken des Sprechenden ein, der sich auch als falsch herausstellen kann (vgl. Gen 44,28; Jes 6,5; Jer 3,7.19; Hiob 29,18), und ist ein erstes weisheitliches Element in Klgl 3. Bisher wurden in diesem Kapitel zerstörerische Handlungen Gottes genannt, ohne ihn explizit zu erwähnen. Auch wenn klar ist, dass Gott dahinter steht, wird in diesem Vers zum ersten Mal explizit der Gottesname JHWH genannt und mit der hoffnungslosen Situation des Sprechers verbunden.

19–21 In diesen Versen wird ein Reflexions- und Erinnerungsprozess geschildert: *zkr* q. «denken an» / «(sich) erinnern» ist ein wichtiges Signalwort in V. 19 und 20. Es stellt einen Bezug zu Klgl 1,7 her (Elend und Heimatlosigkeit), und setzt damit den «Mann» parallel zur Stadtfrau Zion. Das «Denken» und «Erinnern» bezieht sich auf die vorausgehende Notschilderung. Der Vorgang des Erinnerns ist hier individuell einem Einzelnen zugeordnet, der gleichzeitig repräsentativ für das ganze Volk steht. V. 21 beschreibt den Übergang vom schmerzhaften Erinnern an die Not der Vergangenheit, zur Besinnung auf die noch davor liegende Gnade Gottes in V. 22. Diese Stelle ist eine Schlüsselstelle für die Intention der Klagelieder: Sie fordern dazu auf, sich trotz aller gegenwärtigen Gewalt an das davor liegende Erbarmen Gottes zu erinnern.

Was passiert in V. 21 bzw. zwischen V. 20 und 22? V. 21 hat eine Scharnierfunktion in dieser Wende: «Dies werde ich zurückbringen in mein Herz» in V. 21 lässt sich als Abschluss der Klage lesen. Das Herz ist als Sitz des Verstandes der Ort, an dem ein Reflexionsprozess beginnt. Das «Zurückbringen» wird im Hebräischen in einer Form der Wurzel *šwb* ausgedrückt, die auch «Umkehren» bedeutet. Was zurückgebracht wird, ist offen: der vorherige Erinnerungsprozess, das Gebeugtsein des Sprechenden (der *næpæš:* der Seele bzw. der gesamten Person), d. h. die Trauer, oder bereits die Hoffnung, die im zweiten Teil von V. 21 plötzlich auftaucht. In diesen Übergangsversen passiert eine Wende von tiefer Gottverlassenheit hin zur Hoffnung in V. 21 (vgl. Ps 73,23). In Klgl 3,20–21 findet sich eine Kombination von *næpæš* («Seele/Leben/Kehle/Vitalität») und *leb* («Herz») an einer Stelle, die so etwas Ähnliches wie den aus den Psalmen bekannten «Stimmungsumschwung» beschreibt, einen plötzlichen Wechsel von der Klage zum Gottvertrauen. Dieser passiert in Klgl 3 durch Reflexion und Rückgriff auf die Tradition. V. 21 schliesst den ganzen ersten Teil ab und leitet gleichzeitig zu den folgenden V. 22–24 über. Der Wechsel zwischen Klage und Vertrauensäusserung lässt sich nicht durch ein institutionalisiertes Geschehen wie z. B. ein «priesterliches Heilsorakel» erklären, sondern er deutet auf einen wechselvollen, dynamischen Gebetsprozess hin. Das Gottvertrauen ist Basis für die Klage; Lob und Klage sind ineinander verschränkt. Das betende Ich weiss, an wen es sich wenden kann.[72] Die Spannung zwischen der Erfahrung von Gottverlassenheit und der Hoffnung auf Gottesnähe durchzieht Klgl 3 wie viele Psalmen auch. V. 21 endet mit wiedergefundener Hoffnung, der wiederkehrenden Erinnerung an positives Wirken Gottes, die in V. 24 fast mit denselben Worten – verstärkt mit «auf ihn» – wiederholt wird.

22–24 Drei wichtige Eigenschaften Gottes werden in V. 22–24 aufgezählt: «Gnadenerweise» oder «Gnadengaben»/«-taten» (Plural von *ḥæsæd* – Gnade, Beständigkeit mit Tat- und Gemeinschaftscharakter), «Erbarmen» *(raḥamîm)* und «Treue» *(ʾæmûnāh).* Diese Aussagen spielen auf die «Gnadenformel» in Ex 34,6–7 an, einen zentralen theologischen Text der Hebräischen Bibel, der Gnade, Erbarmen und Beständigkeit Gottes betont. Sie ist ein in der Hebräischen Bibel sehr häufig zitierter oder inhaltlich aufgenommener Text (z. B. Num 14,18; Dtn 5,9–10; Ps 25,6; 86,15; 103,8;

72 Zur Diskussion vgl. Erbele-Küster, Lesen, 161–163; Janowski, Konfliktgespräche, 75–84.

Jer 3,12; Jona 4,2). Die besondere Aussage in Klgl 3,22 ist, dass Gnade, Erbarmen und Treue Gottes bereits vor dem in der Gegenwart und jüngsten Vergangenheit der Exilsgenerationen erfahrenen Leid existiert haben. Sie hören nicht auf und werden auch weiterhin existieren. Dass Gottes Erbarmen jeden Morgen «neu» ist (V. 23), erinnert an das aus den Psalmen bekannte Motiv der Hilfe Gottes am Morgen (Ps 5,4; 46,6), das mit Gnade und Gerechtigkeit verbunden ist. «Neu» ist vor allem etwas Erneuertes, etwas Bewährtes, das wieder neu erfahren wird. Wird Gott in V. 24 als «mein Anteil» bezeichnet, so meint das Bild entweder ein aufgeteiltes Erbe oder Anteil an der Beute, der Ausdruck ist jedenfalls positiv besetzt.

V. 25–39 Weisheitliche Belehrung

25–39 V. 25–39 enthält weisheitlich geprägte Empfehlungen, um die Notsituation zu ertragen. Die in V. 22–23 genannten Gnadenerweise, Erbarmen und Treue Gottes werden aus der Sicht des Verfassers durch praktische Beispiele konkretisiert und mit Anweisungen verbunden. Geduld und Demut werden als angemessene Verhaltensweisen empfohlen. In diesem mittleren Teil von Klgl 3 häufen sich die Vorkommen der Gottestitel. Wird in Klgl 1,14 in der Rede Jerusalems ein Leiden unter dem Joch der eigenen Sünden beschrieben, so klingt die Gegenstimme des Mannes in der weisheitlichen Sentenz Klgl 3,27 eher nach stillem Ertragen des Leidens. Symbole, die in anderen Kontexten negative Zeichen der Niederlage sind, werden hier mit positiver Bedeutung aufgeladen: das Joch (Klgl 1,14) – ein Symbol der Unterwerfung –, allein sitzen (Klgl 1,1), den Mund in den Staub geben (Klgl 3,16); statt der Schmach bei einem Schlag auf die Wange (Hiob 16,10) wird in V. 30 empfohlen, dem Schlagenden die Wange hinzuhalten. Die weisheitliche Empfehlung in Klgl 3,27–30, Leiden still und inaktiv zu ertragen, hat einige Parallelen im Alten Testament: Jes 50,6; Spr 20,22.

V. 31–33 enthält in weiteren Entfaltungen der Gnadenformel (Ex 34,6–7) zentrale Grundaussagen exilisch-nachexilischer Theologie: Gott hat gerettet, rettet und wird retten. Das Erbarmen und die Gnade Gottes sind grösser und umfassender als sein Zorn (Dtn 13,18; Jer 12,15; 31,20). Der Grundsatz, dass Gott nicht für immer «verstösst» oder «vernachlässigt» *(ṣnḥ)*, sondern dass seine Gnade und sein Erbarmen grösser sind, hat eine Parallele in Ps 77,8–10. Die betende Person kennt beides: sowohl das Abgeschnittensein von Gottes Erbarmen als auch die Zuversicht, dass Gottes Gnade und Barmherzigkeit über diese Momente der Gottferne hinausgehen. Dass Gott die Menschen «nicht von Herzen erniedrigt *[ʿnh]* und in Kummer (Leid) gestürzt hat *[ygh]*» (Klgl 3,33), hat das Herz als Ort des Wahrnehmens, Planens und Wollens im Blick. Dass Gott die Menschen erniedrigt, kommt vor (1Kön 11,39; Ps 90,15), aber es ist kein Dauerzustand. Der Zorn Gottes hört immer wieder auf. Gott freut sich nicht, wenn er die Menschen quält (anders Hiob 9,23).

Die dreifache rhetorische Frage in V. 34–36, ob Gott das menschliche Unrecht nicht sieht, zitiert zweifelnde Stimmen, die Gottes Macht infrage stellen. Sie geht auch in die Richtung, die Ursachen des Leidens im Verhalten der Menschen zu suchen. Als Beispiele für Ungerechtigkeiten werden die schlechte Behandlung von Gefangenen und die Beugung des Rechts genannt. Das «Zertreten» (*dkʾ*, auch «zermalmen», «vernichten», «unterdrücken») von Gefangenen «unter seinen Füssen» deutet auf massive Gewaltanwendung hin. Im Alten Orient werden die Füsse häufig mit Machtausübung verknüpft, sie dienen als Herrschaftssymbol.[73] Im Bereich unter seinen Füssen entfaltet sich die Macht Gottes. Hier klingt auch die Vorstellung an, dass Gott im Himmel thront und die Erde der Schemel seiner Füsse ist (Ex 24,10; Jes 66,1; Klgl 2,1; 3,41.50). Im Anschluss an V. 33 gelesen, ist in V. 34 im Hebräischen mehrdeutig, ob von den Füssen Gottes die Rede ist oder von den Füssen der Menschen. In jedem Fall passiert im Machtbereich Gottes menschliches Unrecht. V. 35–36 macht klar, dass nicht Gott das Recht «beugt» oder «einen Menschen behindert bei seinem Rechtsstreit», sondern der Mensch «vor dem Angesicht des Höchsten». Rechtsbeugung steht für Missachtung der Tora (vgl. z. B. Ex 23,6). Gott wird als mitverantwortlich für das Leid angesehen, verursacht es aber nicht. Die prophetische Betonung von Recht und Gerechtigkeit wird fortgesetzt.

Drei rhetorische Fragen treten in V. 37–39 den in V. 34–36 zitierten Zweifeln argumentierend entgegen. Sie schliessen den mittleren Abschnitt (V. 22–39) ab, in dem es um weisheitliche Belehrung geht. Ziel der rhetorischen Fragen in V. 37–38 ist es, auf die Macht Gottes in der Schöpfung (Gen 1; Ps 33,6.9) und als Geber der Tora / der Gebote hinzuweisen. Auch, dass von Gott Gutes und Böses kommt, betont die Macht Gottes: Alles, was Menschen erfahren, Gutes wie Böses, ist auf Gott zurückzuführen.

V. 40–48 Busslied

40–42 Von einer weisheitlichen Betrachtung über die Sünden (V. 39) geht V. 40 über zur Aufforderung an die Wir-Gruppe, das eigene Verhalten zu überdenken. V. 40 eröffnet ein kollektives Bussgebet mit Sündenbekenntnis (V. 42). Die Aufforderung, die eigenen «Wege», d. h. den Lebenswandel, das Verhalten, die Einstellungen zu «prüfen» *(ḥpś)* und zu «erforschen» *(ḥqr)*, ist gerichtet an das Kollektiv, und der Sprecher sieht sich selbst als Teil des Kollektivs. Nach Spr 20,27 ist es der Atem / die Seele des Menschen – eine Flamme JHWHs –, der alle Kammern des Bauches «prüft» oder «sucht» *(ḥpś)*. In Jer 17,10 wird JHWH als «Erforscher» *(ḥqr)* des Herzens und «Prüfer der Nieren» bezeichnet. Am Ende von V. 42 wendet sich diese kollektive Rede, das Bussgebet, in direkter Anrede an Gott. Das «Zurückkehren zu JHWH» impliziert Reue, Umkehr, eine verstärkte Ausrichtung des Lebens an Gott.

Auf eine Aufforderung zur Selbstprüfung folgt in V. 41 ein Appell zum Gebet. Das Erheben der Hände bzw. der Handflächen ist ein Gebetsgestus, der an altorientalische Handerhebungsgebete erinnert.[74] Hier wird dazu aufgerufen, mit den Händen auch das Herz zu Gott zu erheben, also eine Kombination aus äusserlich sichtbarer Geste und innerer Einstellung. Werden in vorexilischer Zeit die Hände zu Gott im Tempel erhoben (Ps 28,2), ist jetzt, nach der Zerstörung des Tempels, «Gott im Himmel» der Orientierungspunkt. Hier ist also eine universalistische, kosmische Ausweitung des Wohnortes Gottes angedeutet.

Das Sündenbekenntnis (vgl. Klgl 1,18.20; 5,16) beginnt in V. 42 mit einem betonten «Wir». Die Wurzel *pšʿ* («sündigen» / «sich vergehen»), die nur hier in erster Person vorkommt, bezeichnet schwere Rechtsbrüche und Verbrechen, auch den Abfall von Gott (vgl. Klgl 1,5.14.22). Der zweite Aspekt der beschriebenen Sünde ist, «widerspenstig» oder «trotzig» zu sein» *(mrh)*, also ein aktives Handeln gegen Gott. Genauso wie das

73 Vgl. Steinert, Aspekte, 223–224.
74 Vgl. Zernecke, Gott.

«Wir» ist auch das «Du» im zweiten Teil des Verses betont. Die Vergebung Gottes ist sonst selbstverständlich (Ex 34,5–9; Num 14,18–19; Neh 9,17; Ps 86,5), fehlt hier aber.

43–45 Die Vorwürfe und Anklagen gegen Gott führen die fehlende Vergebung aus V. 42 aus. Die Verhüllung Gottes in Zorn und Wolken (vgl. z. B. Klgl 2,1) ist eine Gegenbewegung zur Theophanie (Ex 19,9.16; Ps 78,14 u. a.). Durch diese Verhüllung dringt das Gebet nicht zu Gott vor, und Gott ist unerreichbar. Im Midrasch (EkhaR 3,44) wird diskutiert, ob die Tore des Gebets – wie bei einem Wasserbecken – manchmal offen und manchmal geschlossen sind, oder ob sie – mit Berufung auf Dtn 4,7 und Jes 65,24 – immer offen sind. Die Anklage, dass Gott tötet, wird aus Klgl 2,21 aufgenommen. Die Ankündigung, dass Gott sein Volk töten wird, steht in prophetischen Texten (Hos 6,5; Am 9,1) oder als Strafandrohung (Ex 22,22–23). Aber nur hier und in Klgl 2,21 findet sich die Feststellung, dass Gott tatsächlich «umgebracht hat». Dass Gott durch die Feinde wirkt und sogar sein eigenes Volk umbringt, ist eine besondere Zuspitzung der Grausamkeit in Klgl 2 und 3.

46–48 Das Stichwort der «Völker» aus V. 45 wird zu den bedrohlichen, spottenden Feinden in V. 46 ausgebaut. «Grauen und Grube» ist auch im Hebräischen ein Wortspiel: *paḥad wa-paḥat* (vgl. Jes 24,17–18; Jer 48,43–44). Letzteres bezeichnet die Fanggrube, stammt also aus der Jagdsprache. Während das hebräische Wort für «Verheerung» nur hier bezeugt ist, abgeleitet von der Wurzel *š'h* «öde liegen» / «veröden lassen», das im Kontext der Verwüstung Jerusalems vorkommt (Jes 6,11; 37,26), ist *šæbær* ein sehr häufiges Wort für den umfassenden «Zusammenbruch»: sowohl die Zerstörung der Stadt Jerusalem als auch der Zusammenbruch, die Krise der Stadtfrau (Jes 30,26; Jer 4,6; Klgl 2,11.13). Diese umfassende Krise schliesst das Bussgebet in V. 47 mit einer zusammenfassenden Notschilderung ab und wird auch im folgenden Vers aufgenommen. Die Wir-Stimme geht in V. 48 zur Rede in erster Person über, die in den folgenden Strophen fortgesetzt wird. V. 48 hat Scharnierfunktion und ist ein Beispiel für ein Enjambement, indem der Vers die Busse abschliesst und zur folgenden Klage überleitet: Einerseits zählt er zur P-Strophe und ist über die Stichwortverknüpfung des «Zusammenbruchs» *(šæbær)* mit V. 47 verknüpft. Andererseits gehört er wegen des Wechsels von der ersten Person Plural in die erste Person Singular und die inhaltlich parallele Formulierung eher zur anschliessenden Klage. «Bäche» oder «Ströme von Wasser», die aus dem Auge stürzen (vgl. Jer 8,23; Klgl 2,11), meinen intensives Weinen als Ausdruck der Klage.

V. 49–51 Klage

49–51 Drei Zeilen der *Ajin*-Strophe beginnen mit dem Buchstaben *'ayin,* der gleichzeitig «Auge» bedeutet. Während das Auge in V. 48 Ausgangspunkt der «Bäche» von Tränen ist, tritt es in V. 49 und 51 als Subjekt auf: Es «ergiesst sich» oder «zerfliesst», es «findet keine Ruhe» und «schmerzt» oder «verursacht meiner Seele/mir Schmerz». Das weinende Auge ist Inbegriff der Schilderung von Not und Klage (vgl. Klgl 1,16). Als Adressat der Klage wird JHWH angesprochen, von dem erwartet wird, vom Himmel herab zu blicken (V. 50). Gott wird vorgeworfen, dass er bisher nicht wahrgenommen hat, was er angerichtet hat. Eine Funktion der Klage ist, JHWH dazu zu bringen, genau hinzuschauen. Damit ist nicht nur Sehen als Sinneswahrnehmung gemeint, sondern es ist mit der Hoffnung auf umfassende Zuwendung und Rettung verbunden (vgl. Klgl 1,11.21; 2,20). Auffallend sind in dieser Notschilderung wieder die weiblichen Bezeichnungen für die Stadtbewohner und -bewohnerinnen: in V. 48 «die Tochter meines Volkes», in V. 51 «alle Töchter meiner Stadt.»

V. 52–66 Dank- und Klagegebet

52–54 Die Perfekt-Formen in den folgenden Versen erinnern an vergangenes rettendes Handeln Gottes. Die folgenden Verse nehmen klassische Themen der individuellen Klage- und Danklieder auf (vgl. z. B. Ps 35; 69; 102). Zunächst blickt der Sprecher auf die vergangene Not zurück. Der Vergleich mit einem gejagten Vogel soll Ohnmacht und Vergänglichkeit veranschaulichen und Mitleid mit einem hilflos den Feinden ausgelieferten Menschen erregen. In V. 52–53 und 55 wird die Jagdmetaphorik aus V. 47 fortgesetzt. Auch die Bedrohung durch Wassermassen (V. 54) ist ein verbreitetes Motiv zur Beschreibung der Bedrohung durch Feinde (Ps 18,5–7.17).

55–57 Nach dem Rückblick auf die vergangene Not wird mit weiteren Perfekt-Formen an das frühere Klagegebet erinnert. Während die Anrufung «im» Namen JHWHs in der Hebräischen Bibel häufig ist (Ps 79,6; 80,19), ist die Formulierung «Ich rief deinen Namen, JHWH», ohne Präposition, das direkte Ausrufen oder Anrufen des Namens JHWHs, in V. 55 besonders. Der Name steht für die Gegenwart und Zuwendung JHWHs. Hier klingen das Namensmissbrauchsverbot des Dekalogs (Ex 20,7), die Heiligung des Namens Gottes (Jes 29,23) und die Ehrfurcht vor dem Namen Gottes (Ps 86,11) an. Der Name JHWHs wird aber nicht an einem heiligen Ort angerufen, sondern «von tief unten aus der Grube», an einem Ort der Not und des Todes, am Tiefpunkt des Lebens. In V. 56 wird mit einer Standardformulierung erzählt, dass Gott die Stimme des Klagenden gehört hat (vgl. Ps 3,5; 18,7; 130,2). Aus dieser Erinnerung resultiert die Bitte, dass Gott auch in der Gegenwart – in anthropomorpher Rede – sein Ohr nicht verschliessen soll. In V. 57 erzählt der Sprecher von seiner Rettung. Als Wort Gottes wird die Formel «Fürchte dich nicht!» zitiert: Mit diesen Worten wird an mehreren Stellen in der Hebräischen Bibel (Gen 15,1; Rut 3,11; Jes 7,4) Gottes gnädige Zuwendung zugesprochen. Diskutiert wird, ob es sich um Zuspruch in alltäglichen Situationen handelt oder um eine geprägte liturgische Formel. So versucht die Hebamme Rahel bei der Geburt Benjamins mit diesen Worten zu beruhigen (Gen 35,17), und in Deuterojesaja (Jes 41,10.13–14; 43,1.5) wird göttlicher Zuspruch so ausgedrückt.

58–60 In dieser Strophe wird das Motiv einer Gerichtssituation eingebracht, das sich auch in der Psalmensprache häufig findet (Ps 18,44; 31,21; 43,1): Der betende Mensch fühlt sich zu Unrecht angeklagt und bittet Gott, ihn im Rechtsstreit zu vertreten, weil er als gerechter Gott Anwalt der Schwachen ist. Ob dahinter ein realer Prozess steht, lässt sich nicht entscheiden. Als literarisches Motiv geht es vor allem darum, das Eingreifen Gottes zugunsten des Gebeugten auszudrücken. Auch die «Erlösung» ist ein häufiges Motiv der Psalmensprache (Ps 19,15; 69,19): Sie hat einen «realen» Hintergrund im «(Aus-)Lösen» aus Schuldzusammenhängen, sowohl bei Land als auch bei Personen (Lev 25,23–31; Rut 4,1–10).

61–66 Am Schluss von Klgl 3 wird noch einmal der Blick auf das zerstörerische Denken, Reden und Handeln der Feinde gelenkt. In einem eindringlichen Appell wird JHWH dreimal genannt (V. 61.64.66), zum «Hinschauen» (V. 63) und zum Kampf gegen die Feinde aufgefordert. Sein Zorn soll dazu eingesetzt werden, die Feinde zu verfolgen und so Gerechtigkeit herzustellen – ohne dass das Wort genannt wird. In einem

Wortspiel mit der Vertauschung hebräischer Buchstaben soll aus dem «Spottlied» *(mᵉnigāh)* der Feinde (V. 63) die «Verblendung» *(mᵉgināh)* ihres Herzens werden (V. 65). Die Bedeutung dieses Wortes ist unklar: Eine mögliche Ableitung ist die von der Wurzel *gnn* «bedecken», woraus die Bedeutung «Verstockung»/«Beschämung»/«Verblend ung» abgeleitet wird. Das Lied endet mit dem Wunsch, dass die Folgen des göttlichen Zorns, die umfassende Zerstörung, die Jerusalem und seine Bewohner erfahren haben, in ausgleichender Gerechtigkeit die Feinde treffen sollen. Die Formulierung «unter dem Himmel JHWHs» ist in dieser Kombination singulär. Zielpunkt von Klgl 3 ist JHWH. V. 66 wurde zusammen mit Ps 79,6–7 und 69,25 in der Pessach-Haggada aufgenommen. Diese Texte werden vor Ps 117; 118 und 136, in denen das Gotteslob im Vordergrund steht, gesprochen.

Anthropologische und theologische Aspekte

Wie in den anderen Klageliedern und in Psalmen zieht sich die Erwähnung einer Vielzahl von Körperteilen durch Klgl 3, die dem Sprecher, dem «Mann», den Feinden und Gott zugeordnet werden. Körperteile des Sprechers sind Fleisch, Haut, Knochen (V. 4), Nieren (V. 13), Zähne (V. 16), Kehle/Seele/Person (V. 17.20.24.51.58), Herz (V. 21.41), Handflächen (V. 41), Auge (V. 48.49.51) und Kopf/Haupt (V. 54). Beim «Mann» werden Kehle/Seele/Person (V. 25), Mund (V. 29) und Wange (V. 30) erwähnt. Von den Feinden werden Hand (V. 3), Inneres/Eingeweide/Mitte (V. 45), Mund (V. 46), Lippen/Reden (V. 62), Hände (V. 64) und Herz (V. 65) genannt. Gott wird mit Herz (V. 33), Füssen (V. 34), Angesicht (V. 35), Mund (V. 38), Nase/Zorn (V. 43.66) und Ohr (V. 56) beschrieben. Während die Bildsprache in Klgl 1 stärker feminin geprägt ist, ist sie in Kap. 3 maskuliner. In beiden Kapiteln geht es um die Auswirkungen von Krieg und Exilierung auf das Volk, das als weiblicher bzw. männlicher Körper personifiziert ist. Die Körperlichkeit lässt die Schilderungen plastischer wirken, wenn z. B. körperlicher Verfall in einzelnen Körperteilen sichtbar wird oder in Jagdmetaphorik die Pfeile in den Körper eindringen (V. 12–13). Das Lied schildert das Leid in eindrücklich «psychosomatischer» Intensität.

Klgl 3 ist das Klagelied, in dem Gott am meisten vorkommt: JHWH 12x, Adonai 4x, «Höchster» 2x, «El» 1x. Der Bogen reicht von gewaltvollem Handeln Gottes, das hinter dem Wirken der Feinde steht, bis zur Erinnerung an Gottes Gnade, von Klage zu Hoffnung. Im Gottesbild ergänzen Zorn und Erbarmen einander. Das Lied hat weisheitliche Teile, in denen in Form von – zum Teil rhetorischen – Fragen und Stimmenwechseln über den Lebenswandel nachgedacht wird. Mit dem «Gedenken» ist Reflexion über religiöses Traditionswissen verbunden. Klgl 3 zeichnet eine Bewegung nach, in der die anthropologische und theologische Pointe des Liedes steckt: von tiefster Not, als deren Urheber Gott erkannt wird, über den Hilferuf an ihn, die Erinnerung an frühere Rettungserfahrungen, bis hin zur Hoffnung, dass er wieder rettend eingreifen wird.

In V. 1–24 wird die widerständige Lebenssituation mit vielfältigen Sprachbildern illustriert: Neben dem bereits genannten körperlichen Verfall wird die sonst positiv besetzte Raum- und Wegmetapher zum gegnerischen Bauen und Einsperren. Motive aus Ps 23 werden aufgenommen und in ihr Gegenteil verkehrt: Gott wird vom guten Hirten zum bedrohlichen Tier, vom guten zum schlechten Gastgeber. In Klgl 3 geht es weniger um das konkrete Ereignis der Zerstörung Jerusalems. Stattdessen zielt das Lied darauf, menschliche Erfahrungen über den Zeithorizont der Verfasser hinaus für die Lesenden und Hörenden erfahrbar zu halten. Das Lied setzt mit einer grossen Klage ein, der «Mann» entscheidet sich selbst aber für einen Perspektivenwechsel (V. 21–24), der nahtlos in eine weisheitliche Betrachtung mündet (V. 25–39). Der Bruch zwischen V. 20 und V. 21–24 ist gross und markiert eine grundlegende Veränderung: Er wirkt wie eine bewusste Entscheidung, die eigene Situation anders zu beurteilen. Die Einsicht, das Leid still zu ertragen, setzt hier seine Verbalisierung voraus und das Lied leitet die Leserin und den Leser über die Versprachlichung des Leids zur Annahme desselben. V. 21–24 lässt sich als «theologische Mitte»[75] der Klagelieder insgesamt beschreiben, weil hier zentrale Aussagen zu Gnade und Erbarmen Gottes zusammengefasst werden.

Die weisheitliche Belehrung (V. 25–39) stellt die traditionelle theologische Ordnung wieder her: Der Mensch wird in seiner Niedrigkeit gezeichnet und Gott als gut (V. 25) und gnädig (V. 32) charakterisiert. Den Weg vom klagenden Mann zu Beginn bis hin zur weisheitlichen Belehrung könnte man als eine Selbstkorrektur verstehen, die folgerichtig ins Busslied (V. 40–48) mündet: Neben dem Ertragen des Leids empfiehlt V. 40 eine kritische Selbstprüfung und Verhaltensänderung («Umkehr»). Dieser Abschnitt hat durch die Wir-Form liturgischen Charakter. Vielleicht kann man hier von einer zweifachen Gebetsbewegung ausgehen: Von der Aussprache des Leids zu seiner Annahme und von der Individualität in die Gemeinschaft.

Die Klage in V. 49–51 führt wieder zurück an den Anfang: Der einzelne Mensch beklagt sein Leid. In der Folge zeigt sich aber, dass das Lied den Klagenden verändert hat: V. 52–66 führen vor Augen, dass der Klagende nicht mehr in Gott seinen Widersacher sieht, sondern in seinen menschlichen Feinden. In JHWH erkennt der betende Mensch nun wieder seinen Beistand, der ihm zu Gerechtigkeit verhilft.

Klgl 3 lässt sich vielleicht auch als eine dialogische Antwort auf die Theodizee-Frage lesen:

– Gott lässt Leid nicht nur zu, er handelt sogar aktiv gegen den Menschen.

– Gott bleibt dabei aber gut und gerecht; Schuld ist ein menschliches Phänomen (sei diese bei der betenden Person oder bei den Feinden verortet).

– Vom Menschen wird auch im Angesicht seines Leides ein demütiges Verhalten erwartet, zu welchem das Lied selbst hinführt.

– Der Mensch kann auf das Erbarmen Gottes und seine ausgleichende Gerechtigkeit hoffen.

75 Frevel, Klagelieder, 196.

Das vierte Klagelied

1 *(Alef)* Ach, wie färbt das Gold[76] sich schwarz,
wie verändert sich das Feingold!
Die Steine des Heiligtums liegen herum[77]
an allen Strassenenden.[78]
2 *(Bet)* Die kostbaren Kinder Zions,
wertvoll wie reines Gold,
ach, sie werden geachtet wie Krüge aus Ton,
wie ein Werk von Töpferhänden!
3 *(Gimel)* Selbst Schakale reichen die Brust,
säugen ihre Jungen!
Die Tochter meines Volks aber ist grausam geworden
wie die Strausse[79] in der Wüste.
4 *(Dalet)* Die Zunge des Säuglings haftet
an seinem Gaumen vor Durst.
Die Jüngsten haben nach Brot gefragt,
da ist keiner, der es ihnen bricht.
5 *(He)* Die Leckerbissen verzehrten,
sind auf den Strassen zugrunde gegangen;
die auf Karmesin getragen wurden,
klammern sich an Abfallhaufen.
6 *(Waw)* Und die Schuld der Tochter meines Volks war grösser
als die Sünde Sodoms,
das umgestürzt wurde wie aus dem Nichts,
ohne dass sich darin Hände gerührt hätten.
7 *(Sajin)* Ihre Geweihten waren reiner als Schnee,
strahlten heller als Milch,
ihr Leib war röter als Korallenperlen,
ihre Gestalt war Saphir.
8 *(Chet)* Dunkler als Schwärze ist nun ihr Aussehen,
auf den Strassen erkennt man sie nicht,
ihre Haut hat sich zusammengezogen auf ihren Knochen,
ist trocken geworden wie Holz.
9 *(Tet)* Die vom Schwert Dahingerafften hatten es besser
als die vom Hunger Dahingerafften,

---

76 «Gold» wird in V. 1–2 mit drei hebräischen Begriffen ausgedrückt: *zahab* («Gold»), *kætæm ṭôb* («Feingold» oder «gutes/schönes/wertvolles Gold») und *pāz* («reines Gold» oder «Goldbarren»).

77 Im Hebräischen steht hier das Wort *špk* hitp. «sich ergiessen / vergossen daliegen». Das liesse sich auch so übersetzen: «Die Steine des Heiligtums liegen vergossen da» oder «liegen da wie ausgegossen» (vgl. V. 11: «Ausgiessen» des Zorns Gottes und V. 13: «Vergiessen» von Blut).

78 Die «Strassenenden» werden im Hebräischen mit einem Körperteil ausgedrückt, dem Kopf *(bᵉroʾš kål-ḥûṣôt)*: «an allen Köpfen/Enden der Strassen.» Es handelt sich dabei um eine konventionalisierte Metapher (vgl. Nah 3,10).

79 Die Übersetzung folgt hier einer Lesart, die zwar nicht im Masoretischen Text, aber in vielen hebräischen Handschriften und als Qere überliefert ist: *kayᵉʿenîm* («wie die Strausse»).

die dahinsiechend verenden,[80]
ohne die Erträge des Feldes.
10 *(Yod)* **Die Hände barmherziger Frauen**
haben die eigenen Kinder gekocht;
sie dienten ihnen als Speise[81]
beim Zusammenbruch der Tochter meines Volks.
11 *(Kaf)* **JHWH hat sein Zornwerk vollendet,**
seinen glühenden Zorn hat er ausgegossen
und ein Feuer in Zion entzündet,
und es hat seine Grundmauern gefressen.
12 *(Lamed)* **Die Könige der Erde glaubten es nicht,**
und keiner der Bewohner des Erdkreises glaubte es,
dass Gegner und Feind eindringen würden
in die Tore von Jerusalem
13 *(Mem)* **der Sünden ihrer Propheten,**
der Verschuldungen ihrer Priester wegen,
die in ihrer Mitte
das Blut von Gerechten vergossen.
14 *(Nun)* **Blind wankten sie auf den Strassen,**
mit Blut waren sie befleckt,
was sie nicht anrühren dürfen,
berührten sie mit ihren Kleidern.
15 *(Samech)* **Weg von hier! Unrein!, rief man ihnen zu.**
Weg von hier, weg von hier, berührt es nicht.
Ja, sie sind geflohen, mussten umherirren.
Unter den Nationen[82] **hat man gesagt:**
Sie dürfen nicht länger bleiben!
16 *(Pe)* **Das Angesicht JHWHs hat sie zerstreut,**
er sieht sie nicht länger an.
Das Angesicht der Priester hat man nicht erhoben,
den Ältesten war man nicht gnädig.
17 *(Ajin)* **Noch verzehren sich unsere Augen**
auf der Suche nach Hilfe für uns – vergeblich!
Auf unserer Warte hielten wir Ausschau
nach einer Nation – die nicht helfen kann.
18 *(Zade)* **Auf unsere Schritte hat man Jagd gemacht,**
so dass wir auf unseren Plätzen nicht gehen konnten,
unser Ende ist nahe,
unsere Tage sind abgelaufen,
ja, unser Ende ist gekommen.

80 Der Satzteil «die dahinsiechend verenden» *(hem yāzûvû mduqqārîm)* liesse sich auch so übersetzen: «sie, die als Durchbohrte hinsanken».

81 Die Bedeutung von *bārôt* ist etwas unklar: Manche, z. B. Koenen, Klagelieder, 301, 305, verändern die Vokale zu *lbārût*, folgen damit der Septuaginta und anderen antiken Übersetzungen und übersetzen «zu einem Notessen».

82 «Unter den Nationen» *(baggôyîm)* kann – durch seine Mittelstellung im Satz – entweder zum Ort gezogen werden, an dem «man gesagt hat» (ZB) oder zum «Bleiben».

19 *(Qof)* Unsere Verfolger waren schneller
als Adler am Himmel,
auf den Bergen haben sie uns verfolgt mit Feuereifer,
in der Wüste haben sie uns aufgelauert.
20 *(Resch)* Unser Lebensatem – der Gesalbte JHWHs –
ist in ihren Gruben gefangen,
er, von dem wir gesagt haben:
In seinem Schatten werden wir leben unter den Nationen!
21 *(Sin)* Sei fröhlich und freue dich, Tochter Edom,
die du wohnst im Lande Uz!
Auch zu dir wird der Kelch kommen,
du wirst dich betrinken und dich entblössen.
22 *(Taw)* Tochter Zion, deine Schuld ist getilgt,
nicht länger lässt er dich in der Verbannung![83]
Tochter Edom, deine Schuld sucht er heim,
deine Sünden hat er aufgedeckt!

Literarisch-historische Einordnung

Klgl 4 ist – wie die Lieder 1–3 – ein anonymer poetischer Text, ein alphabethisches Akrostichon in 22 Strophen. Das Lied malt die Konsequenzen der Zerstörung Jerusalems und der babylonischen Exilierung (587 v. Chr.) für die Bevölkerung aus. Der Kontrast zwischen der glanzvollen Vergangenheit und dem gegenwärtigen Leiden an Hunger und Gewalt wird aus der Perspektive der früheren Repräsentanten der Stadt geschildert. Manche Kommentatoren argumentieren, dass dieser Text unmittelbar nach der Zerstörung Jerusalems verfasst wurde, weil er die Ereignisse auf schockierende Weise schildert.[84] Andere datieren den Text aufgrund seiner literarischen Stilisierung mit einem gewissen Abstand zu den Ereignissen, jedenfalls nach Klgl 2, aber immer noch in spätexilische Zeit.[85] In den letzten beiden Versen des Liedes, V. 21–22, wird zumindest die Vision einer Veränderung des eigenen Schicksals angedeutet. Klgl 4 kombiniert Elemente der mesopotamischen Stadtuntergangsklagen (z. B. Stimmenwechsel), der Totenklage (z. B. den einleitenden Klageruf «ach!» in V. 1.2; die Kontrastierung zwischen früherem Glanz und gegenwärtigem Elend) und Elemente aus Prophetie und Psalmen. Es fehlen aber die Anrufung Gottes und Bitten, klassische Elemente der individuellen Klagelieder. Es spricht jeweils eine einzelne Person, die Notschilderung hat Parallelen zum Volksklagelied. Eine eindeutige Gattungszuordnung ist bei Klgl 4 schwierig, ein Vorschlag ist ein «Trostgespräch».[86]

Wie die anderen Lieder ist auch Klgl 4 im Stimmenwechsel gestaltet: Im Grossteil des Liedes spricht ein unpersönlicher Erzähler über die Stadt. Eventuell ist der Sprecher von

83 Die zweite Vershälfte von V. 22 heisst eigentlich wörtlich: «er wird nicht fortfahren, dich in die Verbannung / ins Exil zu führen» oder «er wird dich nicht mehr verbannen». Es wird also kein Ende des Exils angekündigt, sondern ein Ende der Deportationen. Die hebräische Wurzel *glh* (im hi. «in die Verbannung führen») ist dieselbe wie in V. 22, dort im pi. «aufdecken».

84 Vgl. Berges, Klagelieder, 236–239; Koenen, Klagelieder, 317.

85 Vgl. Frevel, Klagelieder, 39, 275.

86 Koenen, Klagelieder, 316.

V. 21–22 ein anderer (eine prophetische Stimme) als der von V. 1–16. In V. 17–20 ist eine Wir-Rede der Einwohnerinnen und Einwohner Jerusalems oder ihrer Repräsentanten eingeschoben. Der Stimmenwechsel gibt dem Lied den Charakter eines Dramas und ermöglicht, unterschiedliche Sichtweisen nebeneinander zu stellen.

Kommentar

V. 1–16 Schilderung des Leidens der Bevölkerung Jerusalems

1–2 Das Lied wird wie Klgl 1 und 2 mit dem Ausruf *ʾêkāh* («ach», «wie») eröffnet, der einen Seufzer oder Verzweiflungsschrei lautmalerisch ausdrückt. Nach diesem Ausruf verstummen die akustischen Signale in Klgl 4. Abgesehen vom «Rufen» *(qrʾ)* und «Reden» *(ʾmr)* der «Nationen» *(gôyîm)* über die Menschen in Jerusalem in V. 15 spielt das Wortfeld «Hören» eine geringe Rolle in diesem Lied. Der Mangel an akustischen Signalen ist auffallend und lässt sich als Verstummen interpretieren, das der Totenstille nach der Zerstörung der Stadt entspricht.

In V. 1–2 (und auch in den folgenden Versen 5.7–8) spielen Farben eine wichtige Rolle: Der Gegensatz zwischen vergangenem Glanz und gegenwärtiger Finsternis wird mit dem Kontrast von Farben beschrieben. «Gold» ist eine Farbe der Vergangenheit. Es «färbt sich» in der gegenwärtigen Situation von Leid und Zerstörung «schwarz» (oder «ist dunkel/glanzlos geworden»; *ʿmm* ho.) und «verändert sich» *(šnʾ)*, vielleicht als Folge eines Brandes. Hier deutet sich schon eine erste Umkehrung der Selbstverständlichkeiten und damit auch der sinnlichen Wahrnehmungen an, die sich durch das ganze Lied zieht. Die Aussage, dass Gold – Inbegriff von Glanz und Beständigkeit – schwarz, dunkel oder glanzlos geworden ist, steht wie eine Überschrift über dem Kapitel.

Die «Steine des Heiligtums» oder «heiligen Steine» (*ʾabᵉnê-qodæš;* V. 1) deuten auf den Tempel hin. Sonst ist allerdings im gesamten vierten Klagelied nicht explizit vom Tempel die Rede. Vom folgenden V. 2 her ist es aber auch möglich, die Steine als Metapher für die «kostbaren Kinder Zions» *(bᵉnê ṣiyyôn hayᵉqârîm)*, die Elite der Stadt, ihren hoffnungsvollen Nachwuchs zu deuten. So wie beim «Ergiessen» der Leber (Klgl 2,11) und dem «Ausgiessen» des Lebens der Kinder in den Schoss ihrer Mütter (Klgl 2,12) ist es auch hier ungewöhnlich, dass etwas Festes – Steine – ausgegossen wird wie eine Flüssigkeit. Die «Steine des Heiligtums» können sich sowohl auf die Steine der zerstörten Tempelmauern beziehen als auch – so wie das «Gold» und die im Folgenden (V. 5.7) genannten wertvollen Materialien und Farben – als Anspielungen auf die Steine in den Beschreibungen der Priesterkleidung (Ex 28,11–12.17–21) gelesen werden.

In V. 2 wird der Kontrast von früherem Glanz und gegenwärtiger Not fortgeführt: «Die kostbaren Kinder Zions», die sonst so wertvoll sind wie Gold, werden «wie Krüge aus Ton», «wie ein Werk von Töpferhänden» geachtet. Die Hände des Töpfers und seine Erzeugnisse werden hier zu einem Bild für Nutz- und Wertlosigkeit. Die Formulierung stellt ein Gegenbild zu Texten wie Gen 2,7; Jes 64,7 oder Jer 18,6 auf, wo Gott als Töpfer dargestellt wird, der die Menschen erschafft. Ein ähnliches Bild findet sich in der Klage über die Zerstörung von Ur (Z. 211–212): «An jenem Tag wurde der Sturm aus dem Land entfernt – das Volk stöhnt. Sein Volk – wenn auch nicht in Scherben – lag an seinen Seiten.»[87] Tonscherben von zerbrochenen Gefässen bedecken den Boden in zerstörten Städten und dienen gleichzeitig als Bild für gebrochene Menschen.

3–4 Hunger und Durst der Bevölkerung wird in drastischen Bildern illustriert (vgl. Klgl 1,11; 2,12). Körperteile, die in diesem Zusammenhang erwähnt werden, sind: die «Brust» *(šad)* im Kontext des Stillens, die «Zunge» *(lāšôn),* die – vor Durst – am «Gaumen» *(ḥek)* klebt und die «Hände» *(yādayîm),* die grausam werden (V. 10). Brot, Inbegriff elementarer Versorgung mit Lebensmitteln, fehlt. In V. 3–4 wird deutlich, dass vor allem die Babys und Kleinkinder unter Besatzung und Hunger, Gewalt und Tod leiden. V. 3 ist aus der Perspektive der Eltern formuliert, V. 4 beschreibt Hunger und Durst aus dem Blickwinkel der kleinen Kinder.

Die Tiere, die in V. 3 genannt werden, «Schakale» *(tannîm)* und «Strausse» *(yᵉʿenîm),* werden mit Wildnis und Wüste assoziiert (vgl. Jes 13,21; Jer 50,39; Mi 1,6–8). Beide Tiere teilen negative Konnotationen (Hiob 30,29). Sie geben unheimliche, schaurige Laute von sich, die vielleicht auch wie Klagelaute klingen. Sie halten sich in Ruinen auf, und die Verlassenheit dieser Orte lässt sich als Bild für die Einsamkeit der Klagenden interpretieren. Die Erwähnung der ungewöhnlichen Nestpflege der beiden Tiere ist hier einmalig. Mit diesem Sprachbild soll die «Grausamkeit» *(ʾakzār)* der «Tochter meines Volkes» *(bat-ʿammî)* illustriert werden: Die judäischen Mütter werden in einen Gegensatz zu Schakalen gestellt, die zwar als verachtenswerte Tiere gelten, aber zumindest ihre Jungen säugen; und sie werden mit Straussen verglichen, denen nachgesagt wird, dass sie ihre Eier im Nest zurücklassen (vgl. Hiob 39,13–17).

V. 4 beschreibt Hunger und Durst von Babys und Kleinkindern auf drastische Weise: Die Zunge «haftet» oder «klebt» *(dbq)* «vor Durst» am Gaumen. Im Midrasch (EkhaR 4,4) wird als Grund dafür angegeben, dass die Feinde die Wasserleitung zerstört haben und die Menschen deshalb kein Wasser mehr für ihre Kinder finden. Über die Beschreibung von elementarem Durst hinaus kann das Kleben der Zunge am Gaumen zum Verstummen führen (Hiob 29,10; Ps 22,16; 137,6; Ez 3,26): Die kleinen Kinder sind so schwach von Hunger und Durst, dass sie nicht einmal schreien können. Diese Beschreibung korrespondiert mit dem Verstummen, dem Fehlen lautlicher Äusserungen in Klgl 4. Die Jüngsten «fragen nach» oder «bitten/betteln um» Brot, Inbegriff für existenzielle Nahrungsversorgung, aber niemand gibt es ihnen.

5–6 V. 5 schildert den starken Kontrast zwischen Einst und Jetzt in zwei antithetischen Parallelismen: Jeweils im ersten Teil wird die glanzvolle Vergangenheit beschrieben und im zweiten Teil – im Kontrast – das gegenwärtige Elend. Auch hier wird das elementare Grundbedürfnis nach Nahrung thematisiert. Die Wurzel *ʿdn,* von der die «Leckerbissen» *(maʿadanîm)* abgeleitet sind, kommt nur einmal als Verb vor, im hitp.: «es sich wohl sein lassen» / «schwelgen» (Neh 9,25). Das Nomen *ʿædæn* mit der Bedeutung «Wonne»/«Lust» (Ps 36,9) gibt dem Garten Eden seinen Namen. Die «Leckerbissen» kommen in Gen 49,20 als «Delikatessen eines Königs» vor, in Parallelismus zu «fettem Brot». In Spr 29,17 hat das Wort auch die Bedeutung «Genuss»/«Freude»/«Lust». Das «Verzehren» *(ʾkl)* von Delikatessen steht in kontrastierendem Parallelismus zur gegenwärtigen Situation des «Zugrunde-Gehens» *(šmm* ni.; auch «Zerstörung»/«Verwüstung»/«Öde») in den Strassen. Ein anderer

87 Samet, Lamentation, 65, 102: «On that day, the storm was removed from the land – the people moan. Its people – though not potsherds – littered its sides.»

Kontrast zum früheren Essen von Delikatessen besteht auch zum «verzehrenden» *(ʾkl)* Feuer in Klgl 4,11. In einer Zustandsbeschreibung wird der frühere Luxus dem gegenwärtigen Sterben und Hungern auf den Strassen gegenübergestellt. Diese drastischen Beschreibungen von elementarem Hunger und Problemen mit Nahrungsversorgung stehen im Gegensatz zu Texten wie Jer 39–40, die Hoffnung auf einen Neuanfang vermitteln wollen. Eine mögliche Erklärung ist, dass unmittelbar nach der Zerstörung die Versorgungslage in der Stadt schlechter war als in ländlichen Gegenden in der Umgebung.

«Die getragen (oder: grossgezogen) wurden» *(ha ʾæmunîm)* in V. 5 meint wohl kleine Kinder und ist darin mehrdeutig, von wem sie getragen wurden: von Eltern bzw. Adoptiveltern (Est 2,7) oder Ammen, was das Stillen implizieren kann. «Karmesin» *(tôlāʿ)* bezeichnet eine Schildlausart, auch «Kermeswurm» genannt, die auf dem Karmesinbaum oder -busch lebt und scharlachroten Farbstoff produziert. Karmesin, roter Stoff für die Priestergewänder (Ex 25,4; 28,5–8 u. a.) und Inbegriff von Luxus, wird den «Abfallhaufen» *(ʾašpattôt)* gegenübergestellt. Im Gegensatz zum leuchtend roten Karmesin, aus dem luxuriöse Stoffe gemacht wurden, sind Abfallhaufen aus Mist und Kot mit dunklen Farben und schlechtem Geruch verbunden. Dass sich die Menschen an Misthaufen «klammern» oder «sie umarmen» *(ḥbq)* lässt sich vielleicht so erklären, dass sie dort nach Nahrungsresten suchen. Abfallhaufen gelten als Aufenthaltsorte der Armen (1Sam 2,8; Ps 113,7). Abneigung wird im Alten Vorderen Orient insgesamt häufig mit schlechtem Geruch in Verbindung gebracht.[88]

In V. 6 wird die «Schuld» *(ʿawôn)* des Volkes thematisiert und «grösser als die Schuld Sodoms» beschrieben. Dies verweist auf Ez 16,49–50, wonach die Schuld Sodoms im Stolz dieser – ebenfalls personifizierten – Stadt besteht: Während sie selbst im Überfluss gelebt hat, hat sie Arme und Elende nicht unterstützt. Das «Umstürzen» *(hpk)* aller gewohnten Verhältnisse ist ein zentraler Begriff in Klgl 4,6 und meint hier umfassende Zerstörung. Das «Rühren» oder «Sich drehen» / «Umdrehen» (*ḥwl* q.) der Hände kann bedeuten, dass sich feindliche Hände in ihr (wohl der Stadt) gerührt haben, d. h. gewütet haben.

7–8 Die Kontrastierung zwischen früherem Glanz, Wohlstand und Schönheit und gegenwärtigem Elend wird in den folgenden zwei Versen fortgesetzt und vor allem über Farben ausgedrückt. Der Text schillert zwischen dem Vergleich mit wertvollen Tempelschätzen und der Beschreibung von Menschen. Subjekt sind in V. 7 «ihre Geweihten» oder «Naziräer» *(nazîr):* Der Kontext macht es plausibel, «Naziräer» im weiten Sinn von «Geweihten», «Prinzen», «auserwählten Menschen» zu verstehen, als Umschreibung für die Elite der Stadt.

V. 7 umschreibt die Farbe «weiss» sowohl in Verben als auch im Vergleich mit Schnee und Milch: *zkk* («rein» / «hell sein», nicht im Sinn ritueller Reinheit, sondern strahlend) wie Schnee *(šælæg)* und *ṣḥḥ* (*hapax legomenon;* «glänzen» / «weiss sein») wie Milch *(ḥālāb)*. Weitere Farben der Vergangenheit, die den «Geweihten» oder allgemeiner den «kostbaren Kindern Zions» (V. 2) zugeordnet werden, sind rot (*ʾædom mipᵉnînîm;* «röter als Korallen») und blau (*sapîr;* Saphir: Lapislazuli): bunte Farben der Körper und der Gewänder. Ähnlich heisst es in der Klage über die Zerstörung von Ur: «Meine Edelmetalle und Lapislazuli sind verstreut worden; ‹Mein Besitz!›, werde ich schreien.»[89]

88 Vgl. De Zorzi, Remarks, 222–237.

89 Samet, Lamentation, 69: «My precious metals and lapis lazuli have been scattered about; ‹My possessions!› I shall cry.»

V. 8: Im Gegensatz zu diesen leuchtenden, strahlenden Farben ist die Farbe der Gegenwart schwarz: Das «Aussehen» (*to'ar;* «Gestalt»/«Erscheinung») der «Geweihten» ist «dunkler als Schwärze» geworden (*ḥāšak miššᵉḥôr).* Übliche Arten der visuellen Wahrnehmung – *to'ar* («Aussehen»/«Erscheinung»), abgeleitet von *r'h* («sehen») und *nkr* ni. («erkennen») – funktionieren nicht mehr. Die «Geweihten» der Stadt sind – vielleicht weil sie schutzlos der Sonne ausgeliefert sind – so dunkel geworden, dass sie nicht mehr zu erkennen sind. Das «Zusammenziehen der Haut» auf den Knochen beschreibt einen Zustand der Dehydrierung und des Fiebers (Hiob 30,30) durch Durst und Hunger.

Farben werden genannt, um das «innere Auge», die Imagination anzuregen. In Hld 5,10–16 werden ähnliche Farben dem Geliebten zugeschrieben. Die Farben – sowohl die hellen, leuchtenden Farben der Vergangenheit, als auch die Dunkelheit der gegenwärtigen Situation – werden den «kostbaren Kindern Zions» (*bᵉnê ṣiyôn hayᵉqârîm;* V. 2) und den «Geweihten» (*nāzîrîm;* V. 7) zugeschrieben. Die Ereignisse von Stadtzerstörung, Hunger und Belagerung lösen eine Umkehrung der Sinneswahrnehmung aus.

9–10 Hunger und Schwächung beginnen bei den kleinen Kindern (V. 3–4), betreffen aber auch die Erwachsenen (V. 5–9) und führen dann (V. 10) sogar zu Kannibalismus als grausamster Folge von Hunger.

In V. 9 wird die Existenz der «vom Schwert Dahingerafften» oder «Durchbohrten» (*ḥalᵉlê-ḥæræb)* als besser angesehen als die Existenz der «vom Hunger Dahingerafften» oder «Durchbohrten» (*ḥalᵉlê rā'āb).* Ein rascher Tod wird als erstrebenswerter eingeschätzt als langes «dahinsiechendes Verenden», verursacht durch das Abgeschnittensein von Lebensmittelnachschub: «ohne die Erträge des Feldes» (*mittᵉnûbot śādāy).* Der gegenwärtige Hunger wird den «Erträgen»/«Produkten»/«Früchten des Feldes» (Dtn 32,13; Ri 9,11; Jes 27,6; Ez 36,30), abgeleitet von der Wurzel *nwb* q. («wachsen» / «sich entwickeln»), gegenübergestellt.

Als Extremform der Not wird in V. 10 mütterlicher Notkannibalismus angedeutet: Während Klgl 2,20 die Situation, dass Mütter sogar ihre eigenen Kinder essen könnten, als Frage formuliert und in einen Appell an Gott integriert, hinzuschauen, beschreibt Klgl 4,10 eine Situation, in der Mütter ihre Kinder «kochen» statt sie zu ernähren. Kinder werden zur «Speise» (*bārôt)* für ihre Mütter, vielleicht einem speziellen Klagemahl, «Leichenschmaus» oder «Trostnahrung» nach dem Tod (2Sam 12,17; 13,7; Ps 69,22). Die toten Kinder werden sowohl zum Grund der Klage als auch zum Trostmahl oder «Notessen».

Das literarische Motiv des Kannibalismus in Notzeiten ist in Beschreibungen von Hunger in der Hebräischen Bibel an mehreren Stellen überliefert: Lev 26,29; Dtn 28,53–57; 2Kön 6,26–30; Jer 19,9; Ez 5,10. Auch in altorientalischen Paralleltexten kommt es vor, allerdings nicht in Klagen, sondern z. B. in einem Vasallenvertrag des Assyrerkönigs Asarhaddon (§ 47): «Eßt wegen eures Hungers das Fleisch eurer Kinder! Vor Hunger und Mangel möge ein Mann das Fleisch eines (anderen) Mannes essen und ein Mann sich mit der Haut eines (anderen) Mannes bekleiden.»[90] Es dient der Illustration einer dramatischen Situation von Zerstörung, Grausamkeit und Hunger. Aus den Parallelen kann nicht abgeleitet werden, dass es eine historische Realität spiegelt. In Klgl 4,10 bekommt das literarische Motiv des Kannibalismus eine spezielle Variante darin, dass die Frauen bzw.

90 TUAT I,2, 171.

ihre Hände als «barmherzig» beschrieben werden. Die Barmherzigkeit könnte darin liegen, dass sie die Kinder vor einem noch schlimmeren Schicksal, dem Verhungern, verschonen. Die Mütter essen nicht nur, sondern ihre Hände, die Brot für ihre Kinder brechen sollten (V. 4), kochen ihren eigenen Nachwuchs. Das ist die einzige Stelle in der Hebräischen Bibel, wo das Wort «Kochen» *(bšl)* Hände als Subjekt hat und nicht Personen. Mit den Händen als Kochwerkzeugen soll vielleicht der mechanische, von der Person getrennte Charakter dieser Tätigkeit ausgedrückt werden. In jedem Fall dient das Motiv dazu, Emotionen bei den Lesenden und Hörenden zu wecken: Abscheu und Mitleid, Trauer und Furcht.

11–12 Nach dem Blick auf den katastrophalen Hunger in der Stadt bringt V. 11 eine theologische Deutung: Gott in seinem glühenden Zorn wird für das Unglück der Stadt verantwortlich gemacht. Mit dem Namen «Zion» für die Stadt klingen Jerusalemer Kulttraditionen an. Die Wendung, dass JHWH «sein Zornwerk» *(hamāh)* «vollendet» (*klh* pi.) hat, findet sich sonst nur noch bei Ezechiel (Ez 5,13; 6,12). Das parallele «Ausgiessen *[špk]* des glühenden Zorns» nimmt das Blutvergiessen in V. 13 vorweg. Lokalisiert wird der Zorn Gottes in seiner Nase, im «Wutschnauben seiner Nase» *(ḥarôn ʾappô)*. Dass sich göttlicher Zorn im Feuer manifestiert, ist ein verbreitetes Motiv in der Hebräischen Bibel (vgl. Num 11,1; Dtn 32,22; Klgl 2,3). Dass die Grundmauern der Stadt durch das Feuer «gefressen werden», umschreibt die Totalität der Zerstörung. Es geht sowohl um «reales» Feuer als auch um ein Bild für den Zorn Gottes. Göttliches Feuer kann an anderen Stellen positive Bedeutung tragen: Der brennende Dornbusch, der nicht verbrennt (Ex 3,2), ein im Letzten unerklärliches Phänomen, symbolisiert göttliche Gegenwart, die unverfügbar ist. Gleichzeitig kann JHWH selbst als «verzehrendes» oder «fressendes» *(ʾkl)* Feuer bezeichnet werden (Dtn 4,24; 9,3).

In V. 12 geht es um die Wahrnehmung der Zerstörung Jerusalems von aussen durch die «Könige der Erde» und «Bewohner des Erdkreises». Die «Könige der Erde» klingen zunächst nach feindlichen Herrschern in der Umgebung. Der zweite Teil des Parallelismus, «keiner der Bewohner des Erdkreises», weitet die Perspektive zu einem universalen Blick aller Menschen von aussen. Die Zionstheologie (Ps 46,6; 78,69; Jes 14,32) ist gescheitert. Das Unvorstellbare, die Zerstörung Jerusalems durch «Gegner und Feind», ist eingetreten. Die Feinde sind durch die Tore der Stadt – die bewachten Öffnungen der Stadtmauer, die sonst Orte der Rechtsprechung sind – eingedrungen.

13–16 V. 13 ist grammatikalisch unvollständig: Die erste Hälfte des Verses – «der Sünden ihrer Propheten, der Verschuldungen ihrer Priester wegen» – kann entweder an den vorherigen V. 12 angehängt (so die ZB) oder im Sinne einer Überschrift über das Folgende gelesen werden. Vielleicht geht es auch um eine Art Zwischenbilanz, einen Versuch, für das in V. 1–10 geschilderte Leid eine Erklärung zu finden: das Fehlverhalten von Propheten und Priestern. Ihnen wird vorgeworfen, inmitten (*qæræb* auch: im «Bauch» / in der «Körpermitte») der Stadt Blut «vergossen» *(špk)*, also Menschen getötet zu haben (Gen 9,6). Während die roten Farben der Vergangenheit positiv konnotiert sind – Kinder, die in karmesinroten Stoffen grossgezogen wurden (V. 5), Körper, röter als Korallen (V. 7) –, kommt die Röte der Gegenwart vom Blut, ausgelöst durch Gewalt und Mord. Die Erklärung, dass Verschuldungen und Fehlverhalten des Volkes zum Exil geführt haben, ist weit verbreitet. Die Schuldzuweisung an Propheten und Priester, die eigentlich Vorbildwirkung haben sollten, ist eine weitere Steigerung.

Blutvergiessen kann mit Götzendienst verknüpft werden (Ps 106,37–40; Ez 22,1–5). Der Targum schränkt die angeklagten Gruppen auf Propheten ein, die Falsches prophezeit haben, und Priester, die Götzen geopfert haben. Das Blutvergiessen – in der singulären Formulierung «Blut von Gerechten» – wirft die Frage auf, was Priester und Propheten getan haben. Während in Klgl 2,20 gefragt wird, ob Propheten und Priester ermordet werden dürfen, werden sie hier als Mörder dargestellt. Priester und Propheten sind die beiden Gruppen, die am unmittelbarsten mit JHWH in Berührung stehen und für das Volk Pflege der Beziehung zu Gott übernehmen. Dass ausgerechnet sie ein zentrales Gebot des Dekalogs missachten, betont die totale Verkehrung des Idealzustandes und eine Umstürzung aller gängigen Wertvorstellungen. Eine mögliche Erklärung ist, dass es hier – ähnlich wie im Jeremia-Buch (Jer 18,18; 26,7–8) und der Linie des Targum folgend – um Auseinandersetzungen zwischen verschiedenen Gruppen von Priestern und Propheten geht.

Eine Steigerung der allgemeinen Dunkelheit, die sich in der Abwesenheit von Farben ausdrückt, liegt in V. 14 in der Blindheit. Die, die sehen sollten, sehen nicht mehr. Es ist nicht ganz eindeutig, wer das Subjekt dieser Blindheit ist: entweder die Propheten und Priester aus V. 13 oder die Bewohnerinnen und Bewohner Jerusalems allgemein oder eine Kombination von beiden Gruppen,[91] vielleicht auch die «Gerechten» *(ṣaddîqîm)*, die in V. 13 genannt werden. Das Berührungstabu und die Tatsache, dass sie das letztgenannte Subjekt sind, spricht am ehesten für die Priester. «Blind wankten sie» *(nāʿû ʿiwrîm)* könnte sich auf den tastenden, stolpernden Gang von jemandem beziehen, der gerade erblindet ist (Zef 1,17). Allerdings ist physische Blindheit keine logische Konsequenz des vorher drastisch geschilderten Hungers. Wahrscheinlicher ist daher eine metaphorische Deutung von Blindheit, wie sie in der prophetischen Literatur weit verbreitet ist (vgl. z. B. Jes 56,10). Blindheit ist häufig ein Bild für mangelnde Einsicht, für die Unfähigkeit, die Wirklichkeit richtig wahrzunehmen und zu erkennen. Die Gegenüberstellung von Sehen und Blindheit in metaphorischer Bedeutung erinnert an die Kontraste von Leben und Tod, Licht und Finsternis, Weisheit und Torheit, Erwählung und Verstossung, Gut und Böse.[92]

Eine weitere Gegenüberstellung, die in V. 14–15 eine wichtige Rolle spielt, ist die von Rein und Unrein (vgl. Klgl 1,8–10) – ein Konzept, das seinen Ursprung in priesterlichen Kontexten, vor allem in der exilisch-nachexilischen Priesterschrift hat. In Klgl 4,14–15 wird der Terminus *ṭmʾ* («unrein») entweder auf die Priester und Propheten oder auf alle Einwohnerinnen und Einwohner Jerusalems insgesamt angewendet. Der Tempelkontext, der immer wieder in Klgl 4 anklingt, passt zum Themenkomplex der Reinheit. Die Unterscheidung zwischen Rein und Unrein bezieht sich auf die Möglichkeit, sich dem Heiligtum zu nähern. Die Unreinheit in Klgl 4,15 hat mehrere Konnotationen:

– Als kultische Kategorie bezeichnet Unreinheit einen Zustand, in dem es nicht angemessen ist, sich der Sphäre des Heiligtums, dem Tempel zu nähern. Dieser rituelle Status wird auf eine Alltagsszene auf der Strasse übertragen. Hier wird vielleicht auf das Ausrufen von «Unrein» durch einen «Aussätzigen» angespielt (Lev 13,45). Obwohl die Terminologie in Klgl 4,15 sehr allgemein ist, ist das Konzept, das dahinter steht, rituelle Unreinheit und der Umgang mit rituell unreinen Aussätzigen.

91 Vgl. Berlin, Lamentations, 104.
92 Vgl. Avrahami, Senses, 276.

– Die Befleckung mit Blut erinnert an die Unreinheit, die durch Kontakt mit Toten entsteht (Num 19,11–13). Tote zu berühren, macht Priester unrein (Lev 21,1). Zusätzlich kann aber hier auch das Blut von ermordeten Menschen gemeint sein. Wird das Blutvergiessen tatsächlich den Priestern und Propheten angelastet, dann ist Unreinheit als moralische Kategorie eine weitere Vorstellung, die hier im Hintergrund steht. Mord macht moralisch unrein.

– Gleichzeitig wird Unreinheit hier mit sozialer Abgrenzung in Zusammenhang gebracht: Wird V. 14 als Fortsetzung von V. 13 gelesen, werden die Priester und Propheten als blind bezeichnet. Die Einwohnerinnen und Einwohner der Stadt rufen ihnen «Unrein!» zu. Die umliegenden Nationen weigern sich, die Exilierten aufzunehmen, sie bei sich «bleiben» oder «als Fremde wohnen» *(gwr)* zu lassen. Abgrenzung zur Wahrung der eigenen Identität ist ein Aspekt dieses Verses. Die Kategorien Rein und Unrein werden nicht sozialen Gruppen oder Völkern zugeschrieben, aber die Unterscheidung zwischen unterschiedlichen Gruppierungen spielt eine Rolle in diesen Texten: Gegner und Feinde akzeptieren die Grenzen der Stadt nicht, sondern «dringen in die Tore von Jerusalem» ein (V. 12). In Klgl 4,15 sprechen die Nationen über Jerusalem und seine Bevölkerung mit Verachtung. Das Konzept von Un-/Reinheit wird also mit Grenzziehung und Abstand, sowohl innerhalb der Stadt als auch gegenüber den umliegenden Völkern, in Verbindung gebracht.

Die Autoren der Klagelieder verwenden die Terminologie von Reinheit und Unreinheit, um ihre traumatischen Erfahrungen während der Zerstörung Jerusalems und der Exilierung zu beschreiben. Reinheitssprache wird mit anderen Wortfeldern vermischt. Es ist nicht möglich, die Vorkommen von Un-/Reinheit in Klgl 1,8–10 und Klgl 4,14–15 in ein System zu bringen, weil sie unterschiedliche Aspekte umfassen, die mehrdeutig nebeneinanderstehen.

16 Der Höhepunkt des Nicht-Sehens liegt am Ende dieses Teils, in V. 16: Das «Angesicht JHWHs» *(penê yhwh),* steht für die Präsenz JHWHs als Gott-König im Tempel, auch für Gott: «the LORD himself» (NRS). Als göttlicher Körperteil ist das Angesicht für Aufmerksamkeit und Fürsorge zuständig.[93] Stattdessen sieht dieses Angesicht Gottes hier die Menschen nicht an, sondern «zerstreut» oder «verteilt» (*ḥlq* pi.). Diese Aussage ist ungewöhnlich. Vergleichbar ist die Stelle am ehesten mit der Zerstreuung der Stämme Simeon und Levi im Jakobssegen (Gen 49,7), dort auch verknüpft mit Zorn, allerdings menschlichem. Der zweite Teil des ersten Parallelismus in V. 16 beschreibt das Ende von JHWHs Blick: «er sieht sie nicht länger an», d. h. er beachtet sie nicht mehr. In V. 16 ist deutlich, dass Sehen in der Hebräischen Bibel meistens mehr bedeutet als blosse Wahrnehmung: Gottes Aufmerksamkeit, Achtsamkeit, Fürsorge und Hilfe sind mit seinem «Blick» (*nbṭ* hi.) verbunden. Ein paralleler Begriff für diese Art von Sehen und Aufmerksamkeit ist *nś᾽ pānîm* («das Angesicht erheben»). Während im Aaronitischen Segen (Num 6,26) die Priester den Wunsch aussprechen, dass JHWH sein Angesicht zum Menschen erheben möge, geht es hier in Klgl 4,16 um das «Angesicht der Priester», das andere nicht «erheben». «Das Angesicht zu erheben» heisst im biblischen Hebräisch jemanden zu beachten, zu ehren und für wichtig zu halten. Sehen ist mehr als ein physischer Vorgang. Es beinhaltet aktive Aufmerksamkeit, dynamische Präsenz, wirksame Gegen-

93 Vgl. Hartenstein, Angesicht, 284.

wart.[94] Es ist nicht klar, wer das Subjekt von V. 16 ist: Es kann eine allgemeine, unpersönliche Beschreibung fehlender Aufmerksamkeit und Gnade den Priestern und Ältesten gegenüber sein. Der achtsame und fürsorgliche Blick sowohl von Menschen als auch von Gott fehlt hier. Gott schaut nicht auf die Menschen und antwortet ihnen nicht. Es gibt Parallelen zu altorientalischen Gottheiten, die ihre Sinnesorgane – Ohren, Augen und Herz – verschliessen, in sumerischen Emesal-Gebeten (1. Jt. v. Chr.): «Deine Augen ruhen nicht, um wohlwollend (auf deine Stadt) zu schauen!»[95] Das ganze Klgl 4 kann als Schrei nach Gottes Hilfe, Aufmerksamkeit und Fürsorge gelesen werden.

V. 17–20 Wir-Rede: Leiden der politischen Führungsschicht

In V. 17–20 spricht ein Wir, das nicht näher benannt wird. Es könnte sich hierbei um die politische Führungsschicht, die Elite der Stadt, handeln. Während der erste Teil von Klgl 4 mit dem Fehlen von Gottes fürsorglichem Blick endet, beginnt der zweite Teil, die Wir-Rede, mit den Augen der Menschen in V. 17. Im Lied werdem viele Farben erwähnt, die die Augen ansprechen. Aber die Sinnesorgane zur Wahrnehmung, die Augen, werden in Klgl 4 nur in V. 17 erwähnt: Sie «verzehren sich» (*klh* q.; in der Grundbedeutung auch «aufhören», «schwach» oder «blind werden», vgl. Klgl 4,14) vergeblich nach Hilfe und Rettung. Die Augen stehen für den sehnsuchtsvollen Blick (Ps 119,82.123; Klgl 2,11). Das «Ausschau-Halten» von einer «Warte», einem Wachtposten oder einer Zinne der Stadtmauer aus, «nach einer Nation – die nicht helfen kann» spielt vielleicht auf eine kurze Phase während der babylonischen Belagerung Jerusalems an, in der von einem ägyptischen Heer Rettung erhofft wurde (Jer 34,21; 37,5.11). Diese Hoffnung erweist sich als trügerisch, die Ägypter werden von den Babyloniern zurückgedrängt, prophetische Texte kritisieren diese Bündnispolitik (Jes 30,1–2.5; Jer 2,18.36; Hos 7,8–9; vgl. Klgl 5,6).

In V. 18 beschreiben sich die Sprecher als Gejagte, die sich nicht mehr frei bewegen können. Das öffentliche Leben ist zum Erliegen gekommen (vgl. Klgl 5,14). So wie wilde Tiere ihre Beute jagen, jagen menschliche Feinde die Bewohnerinnen und Bewohner der Stadt. Die Jagdmetaphorik ist fester Bestandteil von Klageliedern (vgl. Hiob 10,16; Ps 35,7; 57,7; Klgl 1,13; 3,52–53). Drei kurze parallele Sätze (V. 18) kreisen um das nahe und bereits eingetroffene Ende, sowohl kollektiv – die Zerstörung der Stadt – als auch individuell – das Ende der Lebenszeit.

In V. 19 wird die Jagd- und Tiermetaphorik fortgesetzt: Die Feinde werden mit schnellen «Adlern» *(næšær)* verglichen. Biologisch handelt es sich wohl eher um kahlköpfige (Mi 1,16) und Aas fressende (Hiob 39,29–30) Geier, die im alten Israel und Ägypten angesehene Tiere waren, während Adler wenig Bedeutung hatten. Dieses Verhältnis hat sich in hellenistischer Zeit umgekehrt. Die Übersetzung mit «Adler» ist aber trotzdem sinnvoll, um die Konnotation mit Schnelligkeit und Macht zu erhalten. Mit den Bergen und der Wüste sind unbehauste Orte ausserhalb der Stadt benannt, die keinen Schutz bieten. Es ist naheliegend, sie mit der Wüste Juda zu assoziieren, die unmittelbar an die Stadt Jerusalem angrenzt. Die Szene könnte auf die gescheiterte Flucht des Königs Zidkija anspielen (2Kön 25,4; Jer 39,4).

Auch in V. 20 wird der frühere Glanz dem jetzigen Abgrund gegenübergestellt, verkörpert in der Person des «Gesalbten JHWHs» *(m^{e}šîaḥ yhwh),* der mehrere Deutungs-

94 Staubli/Schroer, Menschenbilder, 199.
95 Gabbay, Pacifying, 31: «Your eyes (i-bí-zu) do not rest in order to look favorably (u_6-di-dè) (at your city)!».

möglichkeiten eröffnet: *Māšîaḥ* bezeichnet in nachexilischen priesterlichen Texten (Lev 4,3.5; Sach 4,14) den obersten Priester, weil Aaron und seine Söhne bei der Priesterweihe gesalbt werden. Elischa wird zum Propheten gesalbt (1Kön 19,16). Der König gilt in der Jerusalemer Königstheologie als «Gesalbter JHWHs» (Saul: 1Sam 24,7.11; David: 2Sam 19,22; Salomo: 2Chr 6,42; Kyros: Jes 45,1) – diese Deutung ist für V. 20 am plausibelsten. Mit der Salbung ist Erwählung, Legitimation und Schutz verbunden, Hoffnung auf Stabilität, Ordnung und Gerechtigkeit. Auch wenn hier kein konkreter König genannt wird, könnte Zidkija gemeint sein. Die Bezeichnung des «Gesalbten JHWHs» als «unser Lebensatem» (wörtlich: «Atem unserer Nase») ist einmalig in der Hebräischen Bibel. Im Hintergrund könnten das ägyptische Hofzeremoniell und der lebensspendende Atem des Pharaos stehen. Das Leben «im Schatten» des Königs (vgl. Ez 31,6.12.17) erinnert an Wedelfächer auf Darstellungen ägyptischer Pharaonen, die kühlenden und schützenden Schatten spenden. Diese Vorstellung einer schützenden und gleichzeitig heilsspendenden Sphäre, die einen Herrscher umgibt, wurde im assyrischen Raum rezipiert[96] und findet ihren Niederschlag offensichtlich auch in Klgl 4,20.

Die Königsideologie ist gescheitert, der König ist in einer Grube gefangen: *šᵉḥîtôt* kann eine Fallgrube für Tiere bei der Jagd meinen, ein Gefängnis oder ein Grab. Die Orte, die in V. 17–20 genannt werden, unterstreichen die Abwärtsbewegung: Die Wir-Rede beginnt auf einer «Warte», einem «Aussichtspunkt» oder «Wachtposten» *(ṣippiyyah)* (V. 17), eventuell einer Zinne der Stadtmauer. Dann geht es von den «Plätzen» oder «Strassen» (V. 18) über zu «Bergen» und «Wüsten», Gegenden im unbewohnten Raum (V. 19). Die vertikale Raumbewegung setzt sich von oben nach unten fort und führt von der Höhe und Weite des «Himmels» über Berge und Wüsten bis in die Tiefe und Enge, in die «Grube», das «Grab» (V. 20).

V. 21–22 Zusage des Endes der Not

Es ist nicht klar, wer in den Schlussversen von Klgl 4 spricht, ob es derselbe Sprecher wie von V. 1–16 ist oder nicht. Es wurde immer wieder vorgeschlagen, diese Schlussverse als «prophetisches Heilsorakel» durch ehemalige Kultpropheten zu deuten. Dazu fehlen aber eindeutige Hinweise. Klar sind allerdings die Adressatinnen: die «Tochter Zion», gerahmt von der «Tochter Edom», wobei letztere wohl eher eine fiktive Adressatin ist. Der doppelte Aufruf zur Freude an die «Tochter Edom» ist ironisch gemeint. Edom (der Name *ʾædôm* bedeutet: «rote Erde») ist ein südöstlicher Nachbarstaat Israels. Esau gilt als sein Stammvater (Gen 36,1). Nach Gen 36,20–21.28 gehört Uz als Enkel Seirs einem nichtisraelitischen Stamm an, der mit den Edomitern (Gen 36,19) oder einem Teil ihres Gebietes identifiziert wird (Jer 25,20). Hiob soll im Land Uz gewohnt haben (Hiob 1,1). Edom, das eigentlich in nachbarschaftlicher Verwandtschaft zu Juda steht, ist durch Kämpfe in der späten Königszeit und unverlässliche Bündnispolitik in babylonischer Zeit zu einem Feind geworden. Prophetische Worte gegen Edom mit Gerichtsandrohungen belegen diese breite Tradition (Jes 34,5–17; Jer 49,7–22; Am 1,11 usw.). Welche historischen Ereignisse zu dieser Feindschaft geführt haben, lässt sich aber nicht mehr genau rekonstruieren. Edom ist eine der wenigen politischen Grössen, die neben Jerusalem/Zion (sowie Ägypten und Assur in Klgl 5,6) in den Klageliedern genannt wird.

96 Vgl. Hartenstein, Angesicht, 149–161.

Im Targum und in der rabbinischen Literatur wird Edom nach der Zerstörung des zweiten Tempels zur Chiffre für Rom.

Das Motiv vom Kelch (oder Becher) ist in der Hebräischen Bibel weit verbreitet und wird hier als bekannt vorausgesetzt. Neben dem «Becher des Heils» / «der Rettungstaten», den der Beter von Ps 116,13 mit Dank zu JHWH erhebt, gibt es den «Becher des Zornes JHWHs» (Jes 51,17.22), der mit Gericht und Strafe verbunden ist (Jer 49,12). In diese zweite Richtung gehend, knüpft das Bild bei der Alltagserfahrung der negativen Folgen an, wenn Menschen «zu tief ins Glas schauen» und dadurch chaotische Verhältnisse entstehen. An anderen Stellen wird ein Eroberer mit einem Becher Wein in der Hand Gottes verglichen (Jer 51,7). Übermässiges Trinken führt zum Taumeln, das Trinken aus dem Zornesbecher ist ein Bild für Unheil (Jes 51,17). Dass die Tochter Edom sich betrinken und entblössen wird, ist ein Bild für chaotische Verhältnisse in Kriegszeiten (Ez 23,32–35). Diese drastischen Aussagen über das Schicksal Edoms stehen im Kontrast zur Verheissung an Jerusalem: Kern der Schlussverse ist die Zusage an die Tochter Zion, dass ihre Schuld getilgt, d. h. zu Ende ist (vgl. Klgl 3,22) und dass es keine weiteren Exilierungen mehr geben wird. Im Midrasch (EkhaR 4,22) wird mit dem Versanfang – «Tochter Zion, deine Schuld ist getilgt» – folgende Auslegung begründet: «Die Klagelieder-Schriftrolle *[m^egillat qînôt]* war für Israel besser als die 40 Jahre, die Jeremia ihnen prophezeite. Warum? Denn durch sie [die Verlesung der Schriftrolle] bekamen sie einen vollständigen Erlass ihrer Sünden.»[97]

Die Kontrastfolie, dass die Schuld und Sünde Edoms als eines exemplarischen Feindes heimgesucht, d. h. geprüft, und aufgedeckt wird, deutet eine Hoffnungsperspektive für Zion an (vgl. Joel 4,19–21). JHWH steht hinter diesen Vorgängen, von ihm ist Hilfe zu erwarten.

Anthropologische und theologische Aspekte

Auffallend ist, dass in Klgl 4 viele Motive rund um das Wortfeld «Sehen» vorkommen, Farben eine wichtige Rolle spielen und der Sehsinn besonders angesprochen wird. Das Lied appelliert an die Leserin und den Leser, am Leid der Stadt Anteil zu nehmen und hinzuschauen. Der Sehsinn funktioniert nicht so, wie er sollte. So wie die Menschen blind geworden sind, schaut auch Gott nicht hin. Seine fürsorgliche Anteilnahme fehlt und soll mit dem Lied wieder eingeholt werden. Die Tatsache, dass Aspekte des Sehens am Ende des ersten Teils von Klgl 4 (V. 16) und am Beginn des zweiten Teils (V. 17), also an Übergangsstellen, vorkommen, hat eine Parallele in Klgl 1, einem Text, der in zeitlicher Nähe anzusetzen ist: In Klgl 1 gliedert die Aufforderung an Gott, genau hinzusehen, das Lied (Klgl 1,9.11.12.20) in rahmenden Versen. Auch dort wird das Thema am Ende des ersten Teils und am Anfang des zweiten Teils aufgenommen.

Folgende weitere Aspekte sind für das Menschenbild von Klgl 4 charakteristisch: Betont wird die Kostbarkeit von Kindern (V. 2–5), aber auch die Gefahr ihrer Vernachlässigung in der Krise (V. 10). Der menschlich-soziale Lebensraum wird mit der Tierwelt verglichen (V. 3.19). Nach dem Zusammenbruch der gesellschaftlichen Systeme sind Hunger und existenzielle Lebensbedrohung allgegenwärtig (V. 4–5.9–10). Die Menschen

97 Übersetzung MG.

sind schutzlos der Gewalt und Zerstörung ausgeliefert (V. 11.18–20). Die Eliten haben versagt, und es herrscht gesamtgesellschaftliche Orientierungslosigkeit (V. 12–17).

Die Erwähnung von Körperteilen ist auch für Klgl 4 charakteristisch: Die Sichtbarkeit von Krisen am menschlichen Körper (V. 7–8: «Haut» und «Knochen»; V. 17: «Augen») zeigt, wie die Menschen «gezeichnet» sind von ihren Lebensumständen. In der Rede vom «Kopf» der Strassen (den «Strassenenden»; V. 1), der «Brust» (in der metaphorischen Rede von Schakalen in V. 3) und der «Mitte» (auch «Körpermitte»/«Bauch»; V. 13) der Stadt klingt die Personifizierung der Stadtfrau, der «Tochter meines Volkes» (V. 3.10) an. Von Gott wird – wie von den Priestern – das «Angesicht» erwähnt (V. 16), dem grosse Macht zugeschrieben wird.

Theologische Reflexion ist vor allem in den Versen 11 und 12 enthalten: Der Zorn Gottes wird für das Leiden und die Zerstörung der Stadt verantwortlich gemacht. Er wirkt im Hintergrund der Verfolgung durch die Feinde. JHWH wird angeklagt, seine achtsame Fürsorge beendet zu haben. Die letzten beiden Verse deuten eine Hoffnungsperspektive für Zion an. Dass diese Zusage nur um den Preis einer Bestrafung Edoms möglich ist, ist aus heutiger Sicht anstössig. Es lässt sich vielleicht ansatzweise verstehen, wenn man bedenkt, dass die Verse aus dem Blickwinkel der Unterlegenen formuliert sind, die auf ausgleichende Gerechtigkeit hoffen.

Klgl 4 ist eine durchgehende Notschilderung. Es gibt weder direkte Anreden an Gott noch Bitten, insofern ist der Text kein Gebet im engeren Sinn. Implizit ist der Text aber doch auch ein Appell an Gott, seine fürsorgliche Anteilnahme wieder aufzunehmen.

Das fünfte Klagelied

1 Erinnere dich, JHWH, was mit uns geschehen ist,
schau her und sieh unsere Schande!
2 Unser Erbbesitz ist Fremden zugefallen,
unsere Häuser gehören den anderen.
3 Wir sind Waisen geworden, da ist kein Vater,
Witwen gleich sind unsere Mütter.
4 Gegen Silber dürfen wir von unserem Wasser trinken,
gegen Bezahlung kommt unser Holz.
5 Die uns verfolgen, sitzen uns im Nacken,[98]
wir sind erschöpft, keine Ruhe wird uns zuteil.
6 Ägypten haben wir die Hand gereicht,
Assur, um genug Brot zu haben.
7 Unsere Vorfahren haben gesündigt und sind nicht mehr,
ihre Verschuldungen tragen wir!
8 Knechte herrschen über uns,
da ist keiner, der uns ihrer Hand entreisst.[99]
9 Unter Einsatz unseres Lebens holen wir unser Brot
in der Wüste im Angesicht des Schwerts.
10 Glühend wie ein Ofen ist unsere Haut geworden,
der Hungerqualen wegen.
11 In Zion hat man Frauen Gewalt angetan,
Jungfrauen in den Städten von Juda.
12 Fürsten sind erhängt worden von ihrer Hand,
den Ältesten hat man die Ehre verweigert.[100]
13 Junge Männer hat man genommen, damit sie die Handmühle bedienen,
und unter der Last des Holzes sind Knaben gestrauchelt.
14 Die Ältesten bleiben dem Tor fern,
die jungen Männer dem Saitenspiel.
15 Die Freude unseres Herzens hat aufgehört,
in Trauer hat sich unser Reigentanz verwandelt.
16 Unsere Krone ist vom Kopf gefallen.[101]
Wehe uns, wir haben gesündigt!
17 Darum ist unser Herz krank geworden,
deshalb sind unsere Augen verdüstert:

---

98 Der hebräische Text bedeutet wörtlich: «Auf unserem Nacken/Hals werden wir verfolgt.» Die Übersetzung der ZB versucht, diesem schwer verständlichen Satz mit der Redewendung «im Nacken sitzen» Sinn zu geben. Die griechische Übersetzung des Symmachus liest *ʿal* als *ʿol* («Joch») – eine Lesart, die auf denselben hebräischen Konsonanten aufbaut und nur die Vokalisation ändert – und übersetzt *zygós* («durch das Joch unseres Nackens wurden wir verfolgt»). Daran knüpfen z. B. die englische Übersetzung der NRSV – «With a yoke on our necks we are hard driven» – oder Berges, Klagelieder, 270–271, an: «Ein Joch auf unserem Nacken, wir sind verfolgt.» Das Joch ist ein häufiges Motiv für Fremdherrschaft (Dtn 28,48; Jes 9,3).

99 Das Verb *prq* bedeutet auch: «herausreissen»/«abschütteln»/«befreien», d. h.: mit Gewalt losreissen, Fremdherrschaft abschütteln; vgl. Gen 27,40.

100 Wörtlich: «Die Angesichter der Ältesten werden nicht geehrt.»

101 Wörtlich: «Gefallen ist die Krone unseres Kopfes.»

18 wegen des Bergs Zion, der verödet ist;
Schakale streunen auf ihm.
19 Du, JHWH, bleibst in Ewigkeit,
dein Thron bleibt von Generation zu Generation.
20 Warum willst du uns für immer vergessen,
uns verlassen für alle Zeit?
21 Bring uns zurück, JHWH, zu dir, wir wollen umkehren.
Mach unsere Tage neu, wie sie einst waren.[102]
22 Oder hast du uns ganz und gar verworfen,
bist du über alle Massen zornig auf uns?

Literarisch-historische Einordnung

Das fünfte ist als einziges der fünf Klagelieder kein alphabetisches Akrostichon. Aber es hat 22 Verse, entsprechend der Anzahl der Buchstaben des hebräischen Alphabets (vgl. Ps 33; 103). Es ist kürzer als die anderen Lieder, die Verse sind meistens als einfache synonyme Parallelismen aufgebaut. Im ganzen Lied spricht eine Wir-Stimme, ein Kollektiv, es ist also ein «Volksklagelied» oder eine «Kollektivklage», wie sie z. B. auch im Psalter (Ps 44; 60; 74) und in Jes 63,7–64,11 enthalten ist. Beklagt werden Zerstörung und Verlust der Stadt Jerusalem und des Tempels. Intention der Volksklage ist es, Gott zu neuerlicher Zuwendung und zum Eingreifen für sein Volk zu bewegen. Grundelemente sind Anrede, Notschilderung bzw. Klage und Bitte. Allerdings ist die Notschilderung in Klgl 5 ausführlicher, und manche Gattungselemente des Volksklageliedes – z. B. die Feindklage – fehlen. In V. 1.19–21 wird JHWH direkt angesprochen. Mit diesen Appellen soll er dazu aufgefordert werden, die Lage zu verändern. Gott wird im ganzen Lied nicht in dritter Person und nicht in zerstörerischen Handlungen gezeigt. Nur in V. 11 und V. 18 besteht ein Bezug zu Zion, aber die Stadt tritt nicht personifiziert auf, wie es teilweise in den vorherigen Klageliedern der Fall ist. In V. 7 grenzt sich die Sprechergeneration von der Generation der Eltern ab, die die Katastrophe verursacht hat. Die Perspektive derer, die unter den Folgen der Zerstörung leiden, deutet auf eine nachexilische Entstehung von Klgl 5 hin (Ende 6. bis Anfang 5. Jh. v. Chr.). Weil Missstände in Juda geschildert werden, ist eine Entstehung im Umland von Jerusalem wahrscheinlich.

Kommentar

V. 1 Anrede, Appell an Gott, Bitte um Aufmerksamkeit

1 Der Appell an JHWH, sich zu erinnern *(zkr),* steht wie eine Überschrift über dem Lied (vgl. Ps 132). Er setzt bei der Anklage von Klgl 2,1 an, dass sich Gott nicht erinnert. Gott wird in Klgl 5,1 nicht nur zum Erinnern, sondern auch zum «Schauen» und «Sehen» aufgefordert (vgl. Klgl 1,9.11.12.18.20). «Schau her und sieh» ist ein fest ver-

102 Der Nebensatz ist im Hebräischen nur ein Wort: *kᵉ-qædæm* «wie früher».

bundenes Imperativpaar (vgl. Ps 80,15; 84,10; Jes 63,15). Im Midrasch (EkhaR 5,1) werden diese beiden Synonyme für Sehen als zwei Arten des Schauens interpretiert, als Sehen in der Nähe und in der Ferne: Nach der einen Auslegung bezieht sich «Schau her!» auf das Sehen in der Nähe (1Kön 19,6) und «Sieh!» auf das Sehen in der Ferne (Gen 22,4). Nach der anderen Deutung wird – genau umgekehrt – «Schau her!» mit dem Sehen in der Ferne verbunden (Ps 80,15) und «Sieh!» mit dem Sehen in der Nähe (Gen 32,26). Auch wenn diese Interpretationen assoziativ sind, lesen sie den Text genau und versuchen, den beiden unterschiedlichen hebräischen Verben für «Sehen» einen Sinn zu geben.

Auf jeden Fall wird Gott mit diesen dringlichen Appellen zu umfassender Aufmerksamkeit, Mitleid und letztlich Veränderung der Situation aufgefordert (vgl. Gen 8,1; Ex 2,24). Das, worauf Gott schauen soll, wird zuerst neutral formuliert – «was mit uns geschehen ist» – und dann spezifischer als «unsere Schande» *(ḥærpāh)*. Das Nomen ist abgeleitet von der Wurzel *ḥrp* «scharf machen» / «reizen» / «anstacheln» / «schmähen» und kann sowohl die Schmähung, das Handeln der Täter, bezeichnen (vgl. Klgl 3,61) als auch den Zustand der Schmach oder Schande (vgl. Klgl 3,30). An anderen Stellen bezeichnet das Wort öffentliche Demütigung (Jes 25,8), Zerstörung von Stadt und Tempel (Jer 51,51) oder Jerusalems Witwenschaft (Jes 54,4). Damit wird also der Blick auf das gelenkt, was Jerusalem als Kollektiv erfahren hat, nicht auf das eigene Verhalten. Das, woran sich Gott erinnern soll, worauf er schauen soll, wird in den folgenden V. 2–18 geschildert. Der Gebetsruf findet seine Fortsetzung im abschliessenden Gebet (V. 19–22).

V. 2–18 Klage, Notschilderung

2 V. 2 eröffnet die Notschilderung (V. 2–18) und macht deutlich, worin die Schmach besteht: im Verlust des «Erbbesitzes» *(naḥalāh)*, auch mit der Konnotation des «Erblandes». Der Parallelismus mit den «Häusern» zeigt, dass es hier um den Familienbesitz geht. Eine deutsche Entsprechung wäre etwa die Wendung «Haus und Hof». Darüber hinaus kann der Erbbesitz aber auch ganz Juda oder Israel meinen, er ist JHWHs Besitz (Jer 2,7; 16,18). Auch die «Häuser» können theologische Konnotation haben: Der Targum liest hier den Singular «Haus», der Midrasch bezieht die Stelle mit Verweis auf Jes 64,10 und Ps 79,1 auf den Tempel (EkhaR 5,2). Dass dieser Erbbesitz Fremden «zugefallen» ist, wird im Hebräischen mit dem Verb *hpk* («umstürzen» / «umdrehen») ausgedrückt: Dieses Umstürzen aller gewohnten Verhältnisse und Ordnungen (vgl. Klgl 1,20) durch die allgemeine Zerstörung (Klgl 4,6) ist sonst unüblich im Zusammenhang mit Besitz. Die «Fremden» und die «anderen» werden hier aus der Perspektive der mit Wir-Stimme Sprechenden im Parallelismus mit zwei unterschiedlichen hebräischen Begriffen benannt: *zārîm* – «Fremde», Menschen, die nicht zur eigenen Gruppe gehören (Num 3,10; 1Kön 3,18), oder Angehörige feindlicher Nationen (Jes 56,3.6; Jer 51,51; Hos 7,9) – und *nåkrîm* – «andere» / «Ausländer», ethnisch Fremde, die nicht vom eigenen Volk abstammen (Dtn 17,15). Nach Jes 60,10; 61,5 sollen beide Gruppen beim Wiederaufbau Jerusalems und Judas mitmachen. Wahrscheinlich geht es in Klgl 5 um ungeklärte Besitzverhältnisse nach der Exilierung eines Teils der Bevölkerung Jerusalems. Zur Zeit der Rückkehr aus dem babylonischen Exil führen diese zu Konflikten.

3 Dass Kinder vaterlos und Mütter zu Witwen werden, ist eine Kriegsfolge. Für Witwen und Waisen sind die Lebensumstände besonders prekär, wenn die Strukturen der

Grossfamilie zerstört werden, die für den Lebensunterhalt essenziell sind. Dass von den Müttern die Rede ist, wirkt zunächst wie ein Widerspruch zu den «Waisen». Dieser lässt sich so deuten, dass sprachlich nicht zwischen Vollwaisen (Ex 22,23) und Halbwaisen (Klgl 5,3) unterschieden wird, beide werden als *y^e^tômîm* bezeichnet. Neben dem wörtlichen Verständnis im Sinne der sozialen Notlage sind Waisen- und Witwenschaft Bilder für Verlassenheit, Bedürftigkeit und Schutzlosigkeit (vgl. Hiob 24,3; 29,12; Ps 10,14). Auch die Stadtfrau als Witwe (Klgl 1,1) und die klagende Tochter Zion (Klgl 2,18) klingen hier an. Der Vers ist ein Appell an Gott, der in Ps 68,6 als «Vater der Waisen und Anwalt der Witwen» angesprochen wird.

4 Wasser zum Trinken sowie Brennholz zum Kochen und Heizen (Num 15,32–33; 1Kön 17,10) stehen für elementare, lebensnotwendige Dinge. In einer Zeit der Nahrungsknappheit werden diese zur Mangelware und müssen zu einem hohen Preis gekauft werden (vgl. Dtn 2,6.28). Der Mangel an Wasser und Holz ist auch ein Motiv in der Klage über die Zerstörung von Sumer und Ur:

«In Urim ging niemand, um Essen zu holen, niemand ging, um Wasser zu holen.
Die, die Essen holen gingen, gingen vom Essen weg und werden nicht zurückkehren.
Die, die Wasser holen gingen, gingen vom Wasser weg und werden nicht zurückkehren.» [103]

Im Gegensatz dazu zeichnet z. B. Jes 55,1 mit ähnlichen Worten ein Hoffnungsbild: eine Zeit, in der es genug zu trinken gibt und wo ohne Geld gekauft wird.

5 Der Vers ist sprachlich schwierig. Folgt man dem Masoretischen Text, so ist hier an die Situation der Verfolgung durch die Neubabylonier zu denken, die zur Zerstörung der Stadt geführt hat (vgl. Klgl 1,3.6; 4,19). *Rdp* («verfolgen») ist ein Begriff aus der Kriegssprache, der oft in Psalmen vorkommt, wenn von der Verfolgung durch die Feinde die Rede ist (Ps 143,3). Neben der Verfolgung durch konkrete Feinde bezeichnet das Wort auch bildlich jede Art von Bedrängnis und Einengung. Auch die «Erschöpfung» *(ygʿ)*, die in der zweiten Hälfte des Verses genannt wird, ist ein wiederkehrendes Motiv in Klagepsalmen (Ps 6,7; 69,4; Jer 45,3). Die Ruhe vor den Feinden, die Gott schenken kann (Dtn 12,10), ist ein erhoffter Zustand, der in der gegenwärtigen Situation fehlt.

6 Engpässe in der Nahrungsversorgung, entweder durch Naturkatastrophen wie Dürre oder durch Zusammenbruch der Landwirtschaft in der Kriegssituation, stehen im Hintergrund dieses Verses. Dass Ägypten als «Kornkammer» gilt, ist ein in der Hebräischen Bibel verbreitetes Motiv (Gen 12,10; 41,36; Jer 42,10.15–19). Für Assur ist diese Zuschreibung ungewöhnlich. Ägypten und Assur stehen für die zwei Grossmächte, zwischen denen das kleine Israel seinen Platz sucht. Der Vorwurf, dass Israel und Juda eine verfehlte Bündnispolitik betreiben, stammt aus der Gerichtsprophetie seit dem 8. Jh. v. Chr. Er betrifft das Nordreich Israel (vgl. Hos 12,2), das Südreich Juda (Jes 30,1–7) und Jerusalem in der Zeit unmittelbar vor dem babylonischen Exil (Jer 2,18.36; Ez 17,12–18). Die Wendung «die Hand reichen» (oder «ausstrecken») kombiniert die Bitte um Brot mit dem Versuch, mit Ägypten und Assur Bündnispartner für einen Vertragsabschluss zu

103 Klage über Sumer und Ur, Cunningham, Lament (ECTSL):
«In Urim no one went to fetch food, no one went to fetch water.
Those who went to fetch food, went away from the food and will not return.
Those who went to fetch water, went away from the water and will not return.»
Das Sumerische Wort ú, das hier mit «food» übersetzt wird, ist mehrdeutig und kann auch «Brennholz» («firewood») bedeuten; vgl. Dobbs-Allsopp, Weep, 73–74.

finden. Es geht bei diesem Thema nicht nur um Aussenpolitik, sondern auch um das Gottesverhältnis (vgl. Klgl 4,17). Im Verhalten der Vorfahren, sowohl gegenüber fremden Grossmächten als auch gegenüber Gott, eine Ursache für das Exil zu finden, ist ein verbreitetes deuteronomistisches Erklärungsmodell für die gegenwärtige Not (2Kön 17,13–18).

7 In Klgl 5 sind zwei unterschiedliche Perspektiven auf die Schuld des Volkes erkennbar: In V. 7 wird zwischen den Sünden der Vorfahren und dem eigenen Leiden an den Konsequenzen unterschieden. V. 16 spiegelt dagegen die Vorstellung einer Generationenhaftung wider (vgl. die Gnadenformel in Ex 34,7). Der hebräische Text in Klgl 5,7 ist offen formuliert: Die Distanzierung von den Verfehlungen der Vorfahren durch die nächste Generation lässt sich als Gegensatz der Generationen lesen, das ist aber nicht zwingend nötig. Das Ringen um eine Verhältnisbestimmung zwischen einem Bekenntnis zur Schuld der Vorfahren und dem Leiden unter den eigenen Sünden lässt sich insgesamt in nachexilischem Kontext verorten. In den gesamten Klageliedern schlägt sich der Trauerprozess mehrerer Generationen nieder. Die Vielstimmigkeit unterschiedlicher Perspektiven wird bewusst als Stilmittel eingesetzt. Die Selbstreflexion über die eigene Schuld ist gleichzeitig individuell und kollektiv. In ihrer Vielstimmigkeit beleuchten die Klagelieder den sogenannten Tun-Ergehen- oder Tat-Folge-Zusammenhang aus unterschiedlichen Blickwinkeln: Sie enthalten sowohl Stimmen, die ihn als notwendig ansehen, als auch andere, die ihn durchbrechen oder zumindest begrenzen.

8 Der Vers beschreibt wieder eine Umkehrung der üblichen Verhältnisse: Dass Knechte herrschen, ist ein unangemessener Zustand (vgl. Spr 19,10). V. 8 spielt mit der Mehrdeutigkeit von *ʿæbæd* («Knecht»/«Diener»/«Sklave») – ein Wort, das Menschen in Abhängigkeitsverhältnissen unterschiedlicher Art bezeichnen kann: «Sklaven» (Gen 43,18; Ex 21,2.32), aber auch in der Verwaltung Beschäftigte und Soldaten (vgl. Gen 21,25; Num 22,18). Auch Nebukadnezzar wird «Knecht JHWHs» genannt (Jer 25,9). «Herrschen» *(mšl)* bezieht sich sonst oft auf das Regieren eines Königs, das hier in V. 8 fehlt. Die zweite Vershälfte – «da ist keiner, der uns ihrer Hand entreisst» – macht deutlich, dass es um Fremdherrschaft geht. Die Aussage betont die Schutzlosigkeit und setzt die Vaterlosigkeit aus V. 3 fort. In Ps 136,24 findet sich die Wendung «entreissen aus» im Zusammenhang mit göttlichem Schutz. Ähnlich wie die Formulierung «da ist keiner, der sie tröstet» (Klgl 1,17) verweist auch diese Wendung auf den abwesenden Gott als Leerstelle.

9 Die Nahrungsmittelknappheit, die in V. 4 bereits angedeutet wird, spitzt sich in V. 9–10 zu. Nahrungsversorgung ist nur unter Lebensgefahr, «unter Einsatz unseres Lebens», möglich. Nahrungsmittel sind so knapp, dass der Weg zur Versorgung mit Brot an einen ungewöhnlichen Ort, in die Wüste, führt. Vielleicht ist hier an Lebensmitteldepots gedacht. Die Wüste ist ein Ort der Lebensgefahr durch Hitze, Dürre, Nahrungsmangel und feindliche Bedrohung. Brot muss im Kampf gegen Dürre gewonnen werden. Dass Brot «in der Wüste im Angesicht des Schwerts» geholt werden muss, könnte sich auf Wüstenbewohner oder Wüstenstämme beziehen, die die Judäer bei der Ernte überfallen (vgl. Ri 6,3–4) und so die Nahrungsversorgung gefährden. Konkret könnten hier die Edomiter gemeint sein.

10 In V. 10 werden die Folgen des Hungers metaphorisch ausgemalt, mit Sprachbildern, die in der Hebräischen Bibel einmalig sind: Der «Ofen» *(tannûr)* ist ein aus

Lehm gemauerter Backofen, der auf eine Feuergrube gestellt wird. Beim Brotbacken wird der feuchte Teig an die Innenwände geklatscht und bleibt an ihnen kleben, bis er durchgebacken ist. Der Ofen kann von der Hitze rissig und spröde werden und dadurch «glühen» (*kmr* ni.). Dieses «Glühen» beschreibt sonst Emotionen: «erregt» / «erhitzt werden», an den anderen Stellen mit positiver Konnotation, ausgelöst durch Liebe/Erbarmen (Gen 43,30; 1Kön 3,26; Hos 11,8). Ungewöhnlich ist, dass das Glühen hier mit der Haut in Verbindung gebracht wird. Eine mögliche Erklärung ist, dass die Wurzel *kmr* im Akkadischen und im Arabischen das Nachreifen von Datteln bezeichnen kann, die bei der Dörrung schrumpelig werden. Auch die «Hungerqualen» in der zweiten Vershälfte werden mit einem seltenen Wort *(zal'ᵃpôt)* beschrieben, das sonst «Erregung»/«Wut» (Ps 119,53) oder «Sturmwind» (Ps 11,6) bedeutet. Die Sprachbilder erwecken also unterschiedliche Assoziationen: Die Menschen sind abgemagert, ihre Haut wird spröde und faltig. Die Menschen sind von heftigen Hungerqualen geplagt.

11–14 In den folgenden V. 11–14 werden konkrete Leiderfahrungen aufgezählt, die einzelne Bevölkerungsgruppen auf unterschiedliche Weise betreffen. Die Verse verlassen den Wir-Stil, die Menschen werden in dritter Person beschrieben:

11 Vergewaltigung (*ʿnh* pi.: «Gewalt antun») betrifft hier «Frauen in Zion» und «Jungfrauen» / «junge Frauen in den Städten von Juda». Der Parallelismus stellt das Phänomen als umfassendes dar: Betroffen sind Frauen jeden Alters, *nāšîm* «Frauen» allgemein, auch verheiratete, und *bᵉtulot* «junge Frauen», meistens vor der Heirat. Räumlich geschieht sie sowohl in «Zion», Inbegriff der Stadt Jerusalem, und «in den Städten von Juda». Vergewaltigung, eine weit verbreitete Folge von Krieg, militärischer Eroberung und Belagerung, wird hier als ein Element der Notschilderung genannt.

12 Die Demütigung geht weiter, in Form von Gewalt bzw. fehlender Achtung gegenüber weiteren Bevölkerungsgruppen: «Fürsten» (*śārîm,* auch «höhere Beamte») und «Älteste», häufig mit beratender Funktion, sind zwei Gruppen aus der gesellschaftlichen Führungsriege, Leute mit hohem Ansehen und Status. Nur an zwei Stellen in Klgl 5, in V. 8 und 12, wird ein Körperteil der Feinde genannt, ihre «Hand»: Sie symbolisiert Macht und Kraft. «(Er-)Hängen» *(ntl)* meint in der Hebräischen Bibel nicht nur die Art der Hinrichtung, sondern auch die öffentliche Blossstellung des Leichnams auf einem Pfahl (vgl. Dtn 21,22–23; Jos 8,29) zur Abschreckung. Auch hier wird die geltende Ordnung umgekehrt. Das Gebot, den Ältesten Ehre zu erweisen (Lev 19,32), wird missachtet.

13 Im synonymen Parallelismus werden notwendige Alltagstätigkeiten beschrieben, die zur Zwangsarbeit geworden sind: das Mahlen von Getreide und das Holztragen. Mit der Handmühle – d. h. mit einem Stein – zu mahlen, ist eine anstrengende und aufwändige Arbeit, die oft von Frauen und Mägden verrichtet wird (Ex 11,5; Ri 9,53). Das Mahlen mit der Handmühle gilt im Alten Orient als niedere Tätigkeit. Während die Handmühle sonst im Haus ist, wird sie hier von jungen Männern «getragen» oder «geschleppt» *(nś')*. Auch Holzsammeln gilt als niedere Arbeit, die von Kindern verrichtet werden kann (Jer 7,18) oder auch von einer Witwe (1Kön 17,10.12). Nach Ri 16,21 dreht Simson im Gefängnis die Handmühle. Es kann also auch Kriegsgefangenschaft gemeint sein. Eine andere mögliche Konnotation ist die Fortsetzung der sexuellen Gewalt aus V. 12, jetzt gegen junge Männer und Kinder gerichtet (vgl. Hiob 31,10).

14 Die Umkehrung der gewohnten Verhältnisse setzt sich fort: Die Ältesten bleiben dem Tor, dem Ort der Kommunikation und der Gerichtsverhandlungen fern, sie «haben aufgehört» *(šbt),* im Tor zu sitzen. Die Jungen haben mit dem Saitenspiel «aufgehört». Als Kontrast zur jetzigen Betätigung der Handmühle wird den jungen Männern das frühere Saitenspiel zugeordnet. Ähnlich wie in den anderen Klageliedern werden auch in Lied 5 viele Bevölkerungsgruppen aufgezählt, die auf unterschiedliche Weise von der Notlage der Stadt betroffen sind: alt und jung, arm und reich, Männer und Frauen. Nach Status-Gruppen getrennt entsteht so ein umfassendes Bild der Gesellschaft: alle sind von Gewalt und Hunger betroffen. Der Blick ist auf die in der Stadt Jerusalem und ihrem judäischen Umland verbliebene Bevölkerung gerichtet, nicht auf die in Babylon Exilierten.

15 Nach den Beschreibungen in der dritten Person kehrt ab V. 15 wieder die Wir-Perspektive zurück. Thematisch geht die Schilderung der Not weiter. Das «Fernbleiben» in V. 14 ist im Hebräischen das gleiche Wort wie das «Aufhören» in V. 15: *šbt* (vgl. den vergessenen Sabbat *[šbt]* als Ruhe- und Festtag in Klgl 2,6 und die Sabbatruhe des Landes in 2Chr 36,21). Das Wortfeld der Musik wird nach dem «Saitenspiel» in V. 14 mit dem «Reigentanz» in V. 15 wieder aufgenommen. Die Umkehrung der gewohnten Ordnungen wird mit demselben Wort *hpk* («verwandeln»/«verkehren»/«umstürzen») wie in V. 2 geschildert. Der Vers beschreibt eine Gegenbewegung zu Ps 30,12, wo umgekehrt die Trauerklage in einen Tanz verwandelt wird. Die emotionale Komponente wird hier explizit genannt: Freude, die körperlich im Herzen verortet wird, hat aufgehört. Die parallele Aussage, dass sich «unser Reigentanz» in «Trauer» *(ʾebæl)* «verwandelt» oder «verkehrt» hat, deutet darauf hin, dass die Trauer aber nicht nur als Emotion gesehen wird, sondern auch – so wie die Freude – in ihrer rituellen Ausdrucksform.

16 Die Krone steht für Glanz und Würde (Hiob 19,9; Jes 62,3) und bezieht sich auf die königliche Würde der Stadt Jerusalem (Jer 13,18; Ps 89,40) und ihres Tempels (Klgl 2,1). Nach dem Herzen wird mit dem Kopf ein weiterer Körperteil genannt. Durch die Rede in der ersten Person Plural (im Hebräischen «unser Kopf») für einen bei jedem Menschen singulären Körperteil sind die kollektive und die individuelle Dimension miteinander verknüpft. Das Fallen der Krone schliesst die vorangehenden Notschilderungen ab, in denen die gewohnten Verhältnisse verkehrt sind. Während sich in V. 7 eine Distanzierung von den Sünden der Vorfahren findet, formuliert V. 16 einen klagenden Ausruf über die eigene Sünde, die gleichzeitig ein Sündenbekenntnis ist: «wir haben gesündigt» (Neh 9,2; Ps 106,6). Darin liegen Anklänge an deuteronomistische Umkehrtheologie (1Kön 8,46–50), die das Verhältnis zwischen JHWH und Israel als wechselvollen Prozess zwischen Sünden, Bekenntnis und Umkehr beschreiben.

17 In diesem Vers verdichtet sich die Körpersprache, die im kollektiven Plural viele einzelne Menschen verbindet. Das Herz – Sitz von Emotionen und Verstand – ist «krank»/«schwach» geworden *(dwh;* vgl. Jer 8,18; Klgl 1,22). Die Augen haben sich «verdüstert» / «sind dunkel geworden» *(ḥšk):* Das kann von Tränen kommen (Klgl 1,16; 2,11; 3,48–49) oder eine Verfinsterung des Blicks meinen. Damit ist nicht Erblinden im physischen Sinn gemeint, sondern eine umfassende Schwäche und Verdunkelung der Existenz, Finsternis im umfassenden Sinn (vgl. Ps 69,24; Jes 29,18). Herz und Augen sind hier vielleicht auch als Organe der Orientierung genannt. Das Volk weiss nicht, wie es sich verhalten soll (Herz), weil es keine Perspektive sieht (Augen). Insofern ist hier auch eine allgemeine Orientierungslosigkeit ausgedrückt. «Darum» hat Scharnierfunktion: Die

Ursache für die Krankheit des Herzens und die Verdüsterung der Augen ist sowohl der vorangehende Vers als auch der folgende.

18 Die in V. 17 geschilderte Not wird mit der Verwüstung des Zionsberges und damit der Zerstörung des Tempels begründet. Die Tiere, die dort herumstreunen – «Schakale» (oder «Füchse»; *šûʿālîm*) – werden in der Hebräischen Bibel mit zerstörten Orten und Ruinen verbunden (Neh 3,35; Ez 13,4). Schakale sind Aasfresser, die in der Nacht aktiv sind, sie werden mit Unreinheit, Wüste und Tod assoziiert. Der Vers nimmt die Klage der Stadtfrau aus Klgl 1,13 auf, wo sich diese selbst als «verwüstet» oder «verödet» *(šmm)* bezeichnet, von Gott und Menschen verlassen (vgl. Jes 64,9). Während sonst in den Klageliedern von der «Tochter Zion» die Rede ist, geht es nur hier um den «Berg Zion» (vgl. Ps 2,6; 48,3; Jes 8,18). Er steht für den Zion insgesamt, der auf dem Nordosthügel der Stadt Jerusalem lokalisiert wird. Der Ort, der als Wohnort Gottes dient, ein Ort der Sicherheit und Zuflucht, ist zu einem Ort des Todes und der Verlassenheit geworden, auf dem wilde Tiere herumstreunen.

Im Midrasch wird zu diesem Vers eine Geschichte von Rabbi Akiba erzählt, der angesichts der auf dem Zionsberg streunenden Schakale lacht (EkhaR 5,18). Zur Erklärung wird die Unheilsprophezeiung in Jer 26,18 mit der Heilsprophetie Sach 8,4–5 verknüpft. Wenn sich die Prophezeiung von der Verlassenheit und Zerstörung des Zionsberges (Jer 26,18; Klgl 5,18) erfüllt, dann wird sich auch die Zusage der Verheissung erfüllen, dass die Strassen von Jerusalem mit Leben, mit alten und jungen Menschen, gefüllt werden (Sach 8,4–5). Diese Auslegung hat bereits den Wiederaufbau des Tempels in persischer Zeit und die Zerstörung des zweiten Tempels durch die Römer im Blick. Sie versucht also, trotz der Zerstörung gewisse Hoffnungsperspektiven zu eröffnen.

V. 19–22 Bitte, Gebet

Der Kontrast zwischen dem verlassenen und verwüsteten Zionsberg und der Sicherheit, mit der die Sprecher-Stimme ab V. 19 an JHWH festhält, könnte grösser nicht sein. Die Masoreten setzen nach V. 18 eine Petucha, ein stark abgrenzendes Zeichen, das sonst am Ende jedes Liedes steht. Das deutet darauf hin, dass sie V. 19–22 nicht nur als Abschluss von Klgl 5 lesen, sondern auch des gesamten Buches der Klagelieder.

19 V. 19 ist eine Doxologie, ein Lobpreis Gottes, der mit *ʾattāh* «du» und dem Namen JHWH eröffnet wird. Das Vertrauensverhältnis ist in der dauerhaften Gegenwart Gottes begründet. Hier werden zwei Zeitkonzepte, Gotteszeit und Menschenzeit, miteinander vermittelt: *ʿôlām* («Ewigkeit» oder «fernste Zeit») ist die unbegrenzte Gotteszeit, *lᵉdor wādôr* («von Generation zu Generation») beschreibt eher den sich wiederholenden, menschlich erfahrbaren Generationenwechsel, die unbegrenzte Menschenzeit. Der Thron Gottes (vgl. Klgl 2,1) deutet auf das Sitzen Gottes im Himmel (Ps 22,4), auf den Thron als Symbol der königlichen Herrschaft Gottes hin (vgl. Ps 102,13–15) – unabhängig vom zerstörten Tempel.

20 Die Frage ist mehrdeutig. Sie lässt sich als klagende Anfrage lesen, als Vorwurf: Warum vergisst du uns, warum dauert das jetzt schon so lange? Wahrscheinlich zielt sie darauf ab, dass Gott nicht vergisst und nicht verwirft. Wie im Vers davor ist auch in V. 20 die entgrenzte Zeit im Blick: «für immer» und «für alle Zeit» / «für die Länge der Tage». Diese Formulierungen finden sich häufig in den Asafpsalmen und beziehen sich auf die Beendigung des Exils (Ps 74,1.19). Auch die Warum-Frage ist typisch für manche Psalmen (Ps 44,25).

21 V. 21 enthält exilisch-nachexilische Umkehrtheologie, die mit derselben Wurzel *šwb* («zurückbringen» / «die Not wenden» / «umkehren») zuerst mit Blick auf Gott und dann mit Blick auf den Menschen ausgedrückt wird: am Anfang steht die Bitte um Gottes rettendes Handeln, um sein «Zurückbringen» im Sinne von umfassender Regeneration oder Umkehr. Die Bitte um einen Neuanfang ist mit dem Wunsch verbunden, dass die Tage so erneuert werden, «wie sie einst waren.» Alles soll wieder so sein wie damals, bevor die Vorfahren gesündigt haben. Auch hier spielt also die Zeit eine wichtige Rolle. Darauf folgt die Selbstaufforderung: «wir wollen umkehren». Die Umkehr hat Vergebung zur Voraussetzung, die von Gott ausgeht.

22 Der Vers ist mehrdeutig: Er lässt sich als Aussagesatz verstehen, wodurch das Klagelied in Gottverlassenheit enden würde: «Denn wenn du uns ganz und gar verworfen hast, zürnst du für immer über uns.» Häufiger wird der Vers aber als Frage gelesen. Das kann eine echte Frage sein, die damit ringt, ob Gott die Menschen verworfen hat und ob sein Zorn für immer anhält. Oder V. 22 wird als rhetorische Frage verstanden: Dann zielt er auf das Gegenteil, auf die Zuversicht, dass Gott nicht verwirft und nicht zürnt. Mit diesem offenen Ausblick schliesst Klgl 5 und das Buch der Klagelieder.

Der Midrasch liest die beiden Verben des Verses, «verwerfen» und «zürnen», nicht im Parallelismus, sondern als Gegensatz: «Wenn Verwerfung da ist, gibt es keine Hoffnung. Wenn aber Zorn da ist, dann ist noch Hoffnung; denn wer zornig ist, wird sich am Ende doch besänftigen lassen» (EkhaR 5,22). In der jüdischen Tradition hat sich der Brauch entwickelt, bei der Verlesung der Klagelieder in der Synagoge nach V. 22 den vorletzten Vers, V. 21, zu wiederholen, damit das Buch nicht zu negativ endet (Pesiqta deRav Kahana 13,14).[104]

Anthropologische und theologische Aspekte

Die Folgen von Gewalt und Krieg werden in Klgl 5 als existenzielle Nöte umfassend geschildert: Besitz und Bezugspersonen sind verloren gegangen (V. 2–3), die Menschen leiden an extremem Hunger (V. 6.9), vor allem auch an kollektiven Gewalterfahrungen (V. 11–14). Darin, dass verschiedene Bevölkerungsgruppen genannt werden, drückt sich aus, dass die gesamte Stadtbevölkerung in allen Lebensphasen betroffen ist. Die Menschen erinnern sich an frühere Versammlungsorte (Tor) und -zeiten (Feste), an den gemeinsamen Erbbesitz und den Berg Zion als Zentrum. Sie sind durch Krankheit des Herzens – Sitz von Emotionen und Verstand – und Verdüsterung der Augen orientierungslos (V. 17). Diese Notschilderungen spiegeln einerseits konkrete Erfahrungen der nachexilischen Zeit wider, sind aber andererseits auch als literarische Motive zu werten, die zu Übertreibungen neigen, wie die altorientalische Klageliteratur zeigt. Die Erinnerung ist nicht immer «objektiv», sondern rekonstruiert die Vergangenheit auf identitätsstiftende Weise. So dienen die «Fremden», die in V. 2 genannt werden, u. a. als Negativfolie für die eigene (kollektive) Identität. Klgl 5 macht die Verbindung von individueller und kollektiver Dimension der Klage sichtbar.

104 Vgl. Zakovitch/Shinan, Lamentations, 256.

Fragen von Schuld und Zeit sowie der Zusammenhang zwischen menschlichem Zeitempfinden und göttlichen Zeitdimensionen (V. 19) werden reflektiert: Wer muss die Schuld für die Fehler der Vorfahren tragen (V. 7)? Wie geht man damit um? Mit dem Bekenntnis sowohl zu den Sünden der Vorfahren (V. 7) als auch zu den eigenen (V. 16), das Parallelen zu deuteronomistischer Umkehrtheologie hat, wird eine Erklärung für die Not und eine Verbesserung des Verhältnisses zu Gott gesucht. Der dahinterstehende Tun-Ergehen- (oder Tat-Folge-)Zusammenhang zielt in weisheitlichem Kontext auf die pädagogische Ermahnung zum Tun des Guten und Richtigen. Wenn vom gegenwärtigen Schicksal auf eine Schuld in der Vergangenheit geschlossen wird, ist eine solche ursächliche Erklärung von Leiderfahrungen aus heutiger Sicht problematisch.

Das Gottesbild bewegt sich in der Ambivalenz zwischen dem vergessenden und dem sich erinnernden Gott: Das kollektive Leid wird Gott in Erinnerung gerufen. Gott ist auf die eigenen biografischen Erfahrungen hin ansprechbar (V. 1). Alles zielt darauf, dass Gott das Geschehene nicht vergisst (V. 20) und vor dem Hintergrund der menschlichen Erfahrung sein Verhalten ändert. Der verwüstete Zion ist ein Zeichen von Gottes Abwesenheit und seines Zorns (V. 18). Die Doxologie, der Lobpreis (V. 19) ist Ausdruck der Suche nach Orientierung. Trotz der erfahrenen Gottesferne hoffen die Betenden auf Gottesnähe. Gott kann erneuern (V. 21), wo der Mensch an seine Grenzen kommt. Es wird mit der Möglichkeit einer (kollektiven) Umkehr gerechnet, die an Gottes schöpferisches Handeln in der Vorzeit anknüpft und zukünftige Möglichkeiten eröffnet. Klgl 5 zeigt, wie Geschichtsnarrative – hier mit Gott – ausgehandelt werden müssen. Man kann das Lied – wie die Klagelieder insgesamt – als Bemühen darum verstehen, trotz aller Erfahrungen von Gewalt, Zerstörung und Krise zu einer gemeinsamen Geschichte mit JHWH zurückzufinden. Klgl 5 endet in einer gewissen Offenheit, die trotz aller Klage zum Vertrauen in Gott zurückfindet. Die Entscheidung über das Ausmass des göttlichen Zorns liegt allein bei Gott. Es besteht zumindest die Möglichkeit, dass er zeitlich begrenzt ist.

Literatur

Kommentare:

U. Berges, Klagelieder (HThKAT), Freiburg u. a. 2002.

A. Berlin, Lamentations (OTL), Louisville/London 2002.

H. J. Boecker, Klagelieder (ZBK.AT 21), Zürich 1985.

C. Frevel, Die Klagelieder (NSK.AT 20/1), Stuttgart 2017.

י. קליין, איכה. עם מבוא ופירוש מאת יעקב קליין (מקרא לישראל. פירוש מדעי למקרא), תל אביב/ירושלים 2017
[= J. Klein, Lamentations. Introduction and Commentary by Jacob Klein (Mikra Leyisra'el. A Bible Commentary for Israel), Tel Aviv/Jerusalem 2017].

K. Koenen, Klagelieder (Threni) (BK 20), Neukirchen-Vluyn 2014–2015.

H.-J. Kraus, Klagelieder (Threni) (BKAT 20), Neukirchen-Vluyn [4]1983.

J. Renkema, Lamentations (HCOT), Leuven 1998.

R. B. Salters, A Critical and Exegetical Commentary on Lamentations, London 2010.

י. זקוביץ / א. שנאן, מגילת איכה (פירוש ישראלי חדש), ירושלים 2017
[= Y. Zakovitch / A. Shinan, Lamentations (A New Israeli Commentary), Jerusalem 2017].

Weitere Literatur (in Auswahl):

R. Albertz, Die Exilszeit. 6. Jahrhundert v. Chr. (BE 7), Stuttgart 2001.

Y. Avrahami, The Senses of Scripture. Sensory Perception in the Hebrew Bible (LHBATS 545), New York 2012.

U. Bail, «Die verzogene Sehnsucht hinkt an ihren Ort». Literarische Überlebensstrategien nach der Zerstörung Jerusalems im Alten Testament, Gütersloh 2004.

B. Becking, A Fragmented History of the Exile, in: B. E. Kelle u. a. (Hg.): Interpreting Exile. Displacement and Deportation in Biblical and Modern Contexts (SBL Ancient Israel and its Literature 10), Atlanta 2011, 151–169.

D. Bester, Körperbilder in den Psalmen. Studien zu Psalm 22 und verwandten Texten (FAT II/24), Tübingen 2007.

E. Boase, The Fulfilment of Doom? The Dialogic Interaction Between the Book of Lamentations and the Pre-Exilic/Early-Exilic Prophetic Literature (LHB/OTS 437), London 2006.

E. Boase, Fragmented Voices. Collective Identity and Traumatization in Lamentations, in: E. Boase / C. G. Frechette (Hg.), Bible through the Lens of Trauma (Semeia Studies 86), Atlanta 2016, 49–66.

C. M. M. Brady, Targum Lamentations' Reading of the Book of Lamentations (PhD), 1999 (http://targuman.org/files/Brady_TgLam_DPhil.pdf [28.7.2021]).

M. E. Cohen, The Canonical Lamentations of Ancient Mesopotamia, Bethesda 1988.

G. Cunningham / J. A. Black u. a. (Hg.), The Lament for Sumer and Urim, in: The Electronic Text Corpus of Sumerian Literature (http://etcsl.orinst.ox.ac.uk/), Oxford 1998–2006 (https://etcsl.orinst.ox.ac.uk/cgi-bin/etcsl.cgi?text=t.2.2.3# [28.7.2021]).

P. A. Delnero, How to Do Things with Tears. Ritual Lamenting in Ancient Mesopotamia (Studies in Ancient Near Eastern Records 26), Boston/Berlin 2020.

N. De Zorzi, «Rude Remarks Not Fit to Smell». Negative Value Judgements Relating to Sensory Perceptions in Ancient Mesopotamia, in: A. Schellenberg / T. Krüger (Hg.), Sounding Sensory Profiles in the Ancient Near East (SBL Ancient Near East Monographs 25), Atlanta 2019, 217–252.

F. W. Dobbs-Allsopp, Weep, O Daughter of Zion. A Study of the City-Lament Genre in the Hebrew Bible (BibOr 44), Rom 1993, 30–96.

D. Erbele-Küster, Lesen als Akt des Betens. Eine Rezeptionsästhetik der Psalmen (WMANT 87), Neukirchen-Vluyn 2001.

D. Erbele-Küster, Körper und Geschlecht. Studien zur Anthropologie von Leviticus 12 und 15 (WMANT 121), Neukirchen-Vluyn 2008.

A. Falkenstein / W. von Soden, Sumerische und Akkadische Hymnen und Gebete (= SAHG), Zürich 1953.

C. Frevel, Zerbrochene Zier. Tempel und Tempelzerstörung in den Klageliedern (Threni), in: O. Keel / E. Zenger (Hg.), Gottesstadt und Gottesgarten. Zu Geschichte und Theologie des Jerusalemer Tempels (QD 191), Freiburg u. a. 2002, 99–153.

U. Gabbay, Pacifying the Hearts of the Gods. Sumerian Emesal Prayers of the First Millennium BC (Heidelberger Emesal-Studien 1), Wiesbaden 2014.

U. Gabbay, The Eršema Prayers of the First Millennium BC (Heidelberger Emesal-Studien 2), Wiesbaden 2015.

S. Gillmayr-Bucher, Body Images in the Psalms, JSOT 28 (2004), 301–326.

E. L. Greenstein, The Book of Lamentations. Response to Destruction or Ritual of Rebuilding?, in: H. Graf Reventlow / Y. Hoffman (Hg.), Religious Responses to Political Crisis (LHB/OTS 444), New York/London 2008, 52–71.

W. C. Gwaltney, The Biblical Book of Lamentations in the Context of Near Eastern Lament Literature, in: W. W. Hallo u. a. (Hg.), Scripture in Context 2. More Essays on the Comparative Method, Winona Lake 1983, 192–211.

F. Hartenstein, Das Angesicht JHWHs. Studien zu seinem höfischen und kultischen Bedeutungshintergrund in den Psalmen und in Exodus 32–34 (FAT 55), Tübingen 2008.

P. van Hecke, Lamentations 3,1–6. An Anti-Psalm 23, SJOT 16 (2002), 264–282.

E. K. Holt, Daughter Zion. Trauma, Cultural Memory and Gender in OT Poetics, in: E.-M. Becker u. a. (Hg.), Trauma and Traumatization in Individual and Collective Dimensions. Insights from Biblical Studies and Beyond (Studia Aarhusiana Neotestamentica 2), Göttingen 2014, 162–176.

H. Jahnow, Das hebräische Leichenlied im Rahmen der Völkerdichtung (BZAW 36), Gießen 1923.

B. Janowski, Konfliktgespräche mit Gott. Eine Anthropologie der Psalmen, Neukirchen-Vluyn ²2006.

B. Janowski, Anthropologie des Alten Testaments. Grundfragen – Kontexte – Themenfelder, Tübingen 2019.

O. Kaiser u. a. (Hg.), Texte aus der Umwelt des Alten Testaments (= TUAT), Gütersloh 2005 (CD-Rom).

K. Koenen, Art. Stadtklagen (Alter Orient), Das wissenschaftliche Bibellexikon im Internet (www.wibilex.de), 2013 (27.4.2021).

K. Koenen, Die Klagelieder Jeremias. Eine Rezeptionsgeschichte (BThSt 143), Neukirchen-Vluyn 2013.

C. Körting, Zion in den Psalmen (FAT 48), Tübingen 2006.

A. Labahn, Trauern als Bewältigung der Vergangenheit zur Gestaltung der Zukunft. Bemerkungen zur anthropologischen Theologie der Klagelieder, VT 52 (2002), 513–527.

M. Leuenberger, Jhwh, der «Gott Jerusalems» (Inschrift aus Ḫirbet Bet Layy 1,2). Konturen der Jerusalemer Tempeltheologie aus religions- und theologiegeschichtlicher Perspektive, EvTh 74 (2014), 245–260.

C. M. Maier, Lost Space and Revived Memory. From Jerusalem in 586 B. C. E. to New Orleans in 2009, in: B. Kelle u. a. (Hg.), Interpreting Exile. Displacement and Deportation in Biblical and Modern Contexts (SBL Ancient Israel and Its Literature 10), Atlanta 2011, 189–201.

C. Mandolfo, Daughter Zion Talks Back to the Prophets. A Dialogic Theology of the Book of Lamentations (Semeia Studies 58), Atlanta 2007.

E. Meyers, Exile and Restoration in Light of Recent Archaeology and Demographic Studies, in: G. N. Knoppers / L. L. Grabbe (Hg.), Exile and Restoration Revisted, London 2009, 166–173.

J. A. Middlemas, Lamentations. An Introduction and Study Guide (T&T Study Guides to the Old Testament), London/New York 2021.

D. Rom-Shiloni, Voices from the Ruins. Theodicy and the Fall of Jerusalem in the Hebrew Bible, Grand Rapids 2021.

N. Samet, The Lamentation over the Destruction of Ur. Mesopotamian Civilizations 18, Winona Lake 2014.

S. Schroer / T. Staubli, Die Körpersymbolik der Bibel, Gütersloh ²2005.

S. Schroer / T. Staubli, Menschenbilder der Bibel, Ostfildern 2014.

U. Steinert, Aspekte des Menschseins im Alten Mesopotamien. Eine Studie zu Person und Identität im 2. und 1. Jt. v. Chr. (Cuneiform Monographs 44), Leiden 2012.

C. Uehlinger, Klagelieder, in: T. Römer u. a. (Hg.), Einleitung in das Alte Testament. Die Bücher der Hebräischen Bibel und die alttestamentlichen Schriften der katholischen, protestantischen und orthodoxen Kirchen, Zürich 2013, 614–626.

K. Valkama, What Do Archaeological Remains Reveal of the Settlements in Judah during the Mid-Sixth Century BCE?, in: E. Ben Zvi / C. Levin (Hg.), The Concept of Exile in Ancient Israel and its Historical Contexts (BZAW 404), Berlin/New York 2010, 58–59.

T. Wagner, Die Schuld der Väter (er-)tragen – Klgl 5 im Kontext exilischer Theologie, VT 62 (2012), 622–635.
M. Weippert, Historisches Textbuch zum Alten Testament (= HTAT), (GAT 10/ATD Ergänzungsreihe), Göttingen 2010.
C. Westermann, Die Klagelieder. Forschungsgeschichte und Auslegung, Neukirchen-Vluyn 1990.
M. Wischnowsky, Tochter Zion. Aufnahme und Überwindung der Stadtklage in den Prophetenschriften des Alten Testaments (WMANT 89), Neukirchen-Vluyn 2001.
A. Wünsche, Der Midrasch Echa Rabbati (= EkhaR) (Bibliotheca Rabbinica 13), Hildesheim 1967.
A. E. Zernecke, Gott und Mensch in Klagegebeten aus Israel und Mesopotamien. Die Handerhebungsgebete Ištar 10 und Ištar 2 und die Klagepsalmen Ps 38 und Ps 22 im Vergleich (AOAT 387), Münster 2011.